KB242866

삶을 설계하는 기술
라이프엔지니어링으로 업그레이드하라.

삶을 설계하는 기술
라이프엔지니어링으로
업그레이드하라
UP
청소년과미래활동 | 캠퍼스멘토
불확실한 미래, 아이를 지키는 라이프엔지니어링
AI 시대, 부모와 교사를 위한 라이프엔지니어링 완벽 가이드
CampusMentor
캠퍼스멘토

추천의 글

AI와 100세 인생의 시대는 진로교육의 목적을 근본적으로 바꾸고 있습니다. 이제 진로는 직업을 선택하는 문제가 아니라, 변화 속에서도 스스로 삶을 설계하고 조정할 수 있는 힘을 기르는 과정이 되어야 합니다. 『라이프엔지니어링으로 업그레이드하라』는 이러한 시대적 전환을 정확히 짚어내며, 진로·생애설계 교육이 나아가야 할 방향을 구조적으로 제시하는 책입니다.

이 책은 진로를 '정하는 것'이 아닌 '의미를 찾아 업그레이드하는 과정'으로 바라봅니다. 방향 설정, 일상의 루틴, 실행과 점검, 재설계로 이어지는 루프 기반 성장 모델은 학생들의 성장을 일회적 선택이 아닌 지속 가능한 과정으로 확장시킵니다. 학생뿐 아니라 부모와 교사에게도 '정답을 주는 역할'이 아닌 '설계 파트너'로서의 새로운 역할을 제안하는 이 책이, 교육 현장과 가정에서 널리 읽히기를 기대합니다.

순천향대학교 총장 송병국

엔지니어로서, 그리고 기업 경영자로서 변화의 현장을 40년간 지켜보며 확신하게 된 사실이 있습니다. 미래의 경쟁력은 특정 기술이 아니라, 변화 속에서 스스로를 다시 설계할 수 있는 능력에 있다는 점입니다. 일찍이 로버트 프리츠는 그의 저서 『최소 저항의 법칙』을 통해 "구조가 결과를 만들어낸다"는 위대한 원리를 설파했습니다. 이 책은 그 철학적 토대 위에 AI 시대에 걸맞은 정교한 실천적 운영체제를 구축해 냈습니다.

이 책은 삶을 감정이나 의지의 문제가 아닌, 설계와 개선이 가능한 시스템으로 바라봅니다. 방향을 설정하고, 에너지를 관리하며, 실패를 데이터로 삼아 반복적으로 업그레이드하는 '루프' 구조는 엔지니어링과 기업 경영의 핵심 원리와 맞닿아 있습니다. 프리츠가 말한 '창조적 긴장'을 어떻게 현실의 에너지로 바꿀지 고민하는 청년과 성인 모두에게, 이 책은 스스로 삶을 운영하는 가장 명확한 안내서가 될 것입니다.

전 현대모비스 대표이사 박정국

인공지능과 100세 시대라는 혁명적 변화가 동시에 전개되고 있는 지금, 우리는 이전과는 다른 방식으로 교육을 바라볼 필요가 있습니다. 그러나 어떤 교육이 옳은지, 어떤 방법이 정답인지에 대해서는 누구도 쉽게 단정하기 어려운 상황입니다.

이 책은 그러한 불확실성 앞에서 성급한 해법을 제시하기보다, 삶을 어떻게 이해하고 운영할 것인가라는 보다 근본적인 질문으로 접근합니다. 특히 교육에서 종종 간과되어 온 건강과 에너지 관리의 중요성을 핵심 요소로 짚어낸 점이 인상적입니다. 삶을 '루프'의 구조로 제안하고, 이를 실제로 실행하고 점검할 수 있도록 구성한 방식은 교육 현장에서 유의미하게 활용될 수 있을 것으로 보입니다.

변화의 방향을 단정하기 어려운 시대에, 이 책은 유행하는 담론을 덧붙이기보다 교육의 본질을 다시 짚어보게 하는 제안으로 읽힙니다.

경희대학교 물리학과 교수 김상욱

패러다임이 바뀌고 있다

자식 걱정 마를 날 없는 것이 부모의 마음이지만, 요즘 부모들이 겪는 걱정은 과거와 결이 다릅니다.

"우리 아이, 정말 괜찮을까?"

이 질문 뒤에는 단순히 성적이나 진로에 대한 걱정만 있는 것이 아닙니다. 더 깊은 불안이 자리하고 있습니다.

"지금 내가 아이를 키우는 방식이, 이 시대에도 맞는 걸까?"
"내가 알던 세상의 법칙이, 우리 아이에게도 통할까?"

학교는 여전히 점수로 평가하지만, 세상은 더 이상 그 점수를 신뢰하지 않습니다. 좋은 대학을 나와도 일자리는 불안하고, 새로운 기술이 등장할 때마다 일의 형태가 달라집니다. 사라지는 직업도 생겨납니다.

"공부 잘하면 성공하고 안정된 삶을 살 수 있다."

이 공식은 더 이상 작동하지 않습니다. 이 변화의 한가운데에 10대가 있습니다. AI는 교과서보다 빠르게 답을 알려주고, 유튜브와 SNS가 친구의 목소리를 대신합니다. 그런데 정작 아이들은 이렇게 묻습니다.

"나는 왜 이걸 배우는 거예요?"

"앞으로 어떤 사람이 되고 싶냐고요? 잘 모르겠어요."

정보는 넘쳐나지만, 인생의 방향을 찾기는 더 어려워졌습니다. 연결된 사람은 많지만, 관계의 깊이는 얕습니다. 할 일은 많지만, '왜 하는지' 모른 채 살아갑니다.

이 책은 바로 그 지점에서 출발합니다.

세상은 단순히 속도가 빨라진 것이 아닙니다. 운행 방식 자체가 달라졌습니다. 물이 끓으면 수증기로 바뀌듯, 지금 우리 사회는 온도가 달라진 정도가 아니라 '상태' 자체가 변하고 있습니다. AI, 빅데이터, 자동화, 디지털 전환은 단순한 도구의 등장이 아닙니다. 인간의 사고 구조와 학습 방식, 관계의 패턴까지 재편하는 거대한 변화입니다.

비유하자면 이렇습니다. 자동차가 처음 세상에 나왔을 때, 사람들은 '마차의 규칙'으로 자동차가 다니는 도로를 다스리려 했습니다. 하지만 엔진의 시대에는 새로운 신호 체계와 질서, 교통법규가 필요했습니다. 지금 우리가 겪는 AI·100세 시대의 혼란도 그와 다르지 않습니다. 기성세대는 여전히 "우리 때는 이랬는데"라며 과거의 방식으로 세상을 설명하려 합니다. 하지만 요즘의 10대는 이미 다른 언어와 리듬으로 움직이고 있습니다.
교단에서 학생들의 반응을 보며 "요즘 아이들은 왜 집중을 못 할까?"를 고민하는 교사. 미래의 불확실함 앞에서 불안해하는 자녀를 지켜보는 부모. 이 마음들은 세상을 움직이는 패러다임이 이미 우리 사고의 틀을 넘어섰음을 절감하게 합니다. 이 변화는 온도 변화가 아니라 상태 변화입니다. "끓는점 이후의 세계"에 대한 이야기입니다. 기존의 관점과 가치, 사고방식만으로는 더 이상 AI와 100세 시대를 준비할 수 없습니다.

인간의 삶을 더 깊게 이해하라

그렇다면 우리는 어떻게 해야 할까요?
이제 인간의 삶도 관찰과 설계가 가능한 영역이 되었습니다. 뇌과학은 감정과 집중, 동기와 회복이 단순한 의지의 문제가 아니라는 사실을 보여줍니다. 신경 회로의 패턴과 환경 자극의 상호작용으로 설명할 수 있게 되었습니다. 데이터 과학은 감정의 진폭, 피로의 곡선, 집중의 주기 같은 '삶의 리듬'을 수치를 통해 시각적으로 읽어내기 시작했습니다.

이제 인간의 성장도 감(感)이 아닌 구조로 다루어야 합니다. 삶은 측정되고, 점검되고, 피드백을 통해 개선될 수 있는 하나의 복합 시스템입니다. 이것은 인간을 비인간적으로 만드는 기술이 아닙니다. 인간을 더 깊이 이해하게 하는 기술입니다.

엔지니어링은 기계를 만드는 기술만을 의미하지 않습니다. 실제 생활 속에서 복잡한 문제를 분석하고, 반복과 개선을 통해 안정적인 구조를 만들어내는 사고 방식입니다. 그 언어를 삶에 적용한다는 것은 기계적 냉정함을 배우자는 것이 아닙니다. 삶을 지속 가능한 구조로 이해하자는 뜻입니다.

라이프엔지니어링은 삶을 하나의 시스템으로 보는 것입니다. 의미가 방향을 만들고, 에너지가 추진력을 만들고, 루프(순환)가 지속성을 만드는 구조! 이것을 설계하는 것이 바로 라이프엔지니어링입니다. 감정은 연료입니다. 루프는 그 연료를 순환시키는 회로입니다. 의미는 그 회로의 방향을 결정하는 알고리즘입니다. 우리는 이 구조를 이해함으로써, 삶이 흔들릴 때마다 중심을 다시 잡고 스스로를 재설계할 수 있는 힘을 얻게 됩니다.

엔지니어링의 가장 큰 미덕은 완벽이 아닙니다. 실패와 수정, 그리고 반복 가능성입니다. 삶도 그렇습니다. 한 번의 결심으로 완성되는 것이 아니라, 수많은 피드백을 거쳐 조금씩 진화합니다. 라이프엔지니어링은 이 과정을 '실패의 기록'이 아니라 '성장의 데이터'로 바꿉니다.

인간을 설계하는 것이 아니라, 인간이 삶을 설계하는 시대

아마 이 책을 펼친 이유는 대부분 아이의 진로와 성장을 돕고 싶은 마음 때문일 것입니다.

그러나 읽다 보면 깨닫게 됩니다. 이 책은 10대를 위한 책이면서 동시에 부모와 교사 자신의 새로운 시작을 위한 책입니다. 삶의 구조를 이해하고 루프를 다시 세우는 일은 아이보다 먼저, 어른이 실행해야 하는 일입니다.

라이프엔지니어링은 거창한 이론이 아닙니다. 하루의 루틴 하나를 바꾸는 작은 실험에서 시작됩니다. 그 작은 변화가 쌓이면, 아이의 삶에도, 부모의 삶에도, 교사의 삶에도 새로운 리듬이 만들어집니다. 삶을 다시 설계하는 일은 거대한 변화를 일으키는 것이 아니라, 작은 루프 하나를 작동시키는 일입니다.

AI가 모든 정보를 계산하고, 자동화가 모든 과정을 대체할 수 있을 것처럼 보입니다. 하지만 그 어떤 기술도 '삶의 의미'를 설계하지는 못합니다. 바로 그 지점에서 인간만이 할 수 있는 영역, '삶을 설계하는 인간'의 시대가 열립니다.

이제 이 책과 함께 당신의 생애 루프가 순환하기 시작합니다. 삶을 기술로 다루되, 인간답게 살아내는 법. 바로 그것이 라이프엔지니어링이 제안하는 새로운 성장의 언어입니다.

AI가 할 수 없는 영역, '삶을 설계하는 인간'으로의 여정을 함께 떠나봅시다.

목 차

PART

1

미래의 생존 전략
왜 삶을 설계하고 경영해야 하는가

인지 자동화, 100세 인생, 각자도생의 질서가 기존의 성공 공식을 해체했다.이제 인생은 한 번의 선택으로 완성되지 않는다. 여러 번 전환하고 재설계해야 하는 '멀 티 스테이지'의 연속이다. 변화가 적응을 앞지르는 시대, 타인의 지도를 따르는 삶 은 끝났다. 스스로 방향을 정하고 조정하는 '설계력(Life Engineering Literacy)' 만이 새로운 생존력이다.

1부 핵심 | **통찰**

▶ **기술** : 인지 자동화 시대, 인간의 역할 재정의

▶ **전략** : 100세 인생을 위한 유연한 재설계

▶ **공존** : 각자도생을 넘어 시스템적 연결로

제1장

급변하는 시대, 불확실한 미래

>>> AI의 가속적 발전과 초지능(AGI)으로 향하는 문턱

2020년대 초반까지만 해도, 인공지능은 인간이 시킨 일을 빠르게 처리하는 '도구'였습니다. 그런데 2023년, 변화가 일어났습니다. AI가 복잡한 추론을 하고, 도표와 이미지를 이해하며, 긴 맥락을 유지하면서 대화를 이어갈 수 있게 된 것입니다. 단순한 도구를 넘어 '협력적 지능'의 시대가 열렸습니다. AI는 이제 인간의 언어를 이해하고, 감정적 문맥을 포착합니다. 창의적 글쓰기를 하고, 코딩을 하며, 디자인까지 수행합니다. 이것은 인간의 특정 기능을 대체하는 수준이 아닙니다. 인간의 인지 체계와 협업하는 새로운 형태의 '지능적 주체Intelligent Agent'가 등장한 것입니다.

2026년 현재, AI의 능력은 더욱 진화했습니다. 단순히 정보에 '응답'하는 수준을 넘어, '의도'를 파악하고 '목표'를 스스로 설정하고, 다른 AI 모델과 협력해 문제를 해결하는 준(準)자율 지능으로 발전했습니다.[1] AI가 인간의 지적 영역을 완전히 '모방'하기 시작한 것입니다. OpenAI, Anthropic, Google DeepMind 같은 AI 연구 기관들은 2027년을 전후로 'AGI(Artificial General Intelligence, 범용 인공지능)', 즉 특정 분야에 국한되지 않고 인간처럼 다방면의 문제 해결이 가능한 시스템의 등장을 예측합니다. AI는 이제 스스로 문제를 인식하고, 학습을 최적화하며, 자기 자신을 개선하는 '자기 개선형 지능Self-Improving Intelligence'으로 진화 중입니다.

딥러닝 기반의 언어모델은 수십억 개의 문장, 수조 개의 데이터를 학습하면서 '문맥 이해력'과 '추론 능력'을 인간 수준으로 끌어올렸습니다. AI는 더 이상 계산기가 아닙니다. '사고 파트너Thinking Partner'가 되었습니다. 동시에, AI는 인간을 위해 인간의 비합리적인 선택을 통제하고 간섭할 수 있게 되었습니다. 건강, 재정, 커리어 등에서 가장 합리적인 방향을 제시하며, 이를 따르지 않을 경우 간섭하거나 선택지를 삭제할 수도 있습니다. "인간은 영원히 어른이 되지 못하고 AI의 통제 아래 있는 어린아이가 될 수 있다." 이런 우려도 존재합니다.

AI 연구자들은 2027~2030년을 인류 기술사에서 하나의 '분기점'으로 봅니다. 이 시점에는 인공지능이 더 이상 단일 소프트웨어로만 머물지 않고, 자율적 지능 에이전트 네트워크로 작동하게 됩니다. 하루 24시간, 사람 대신 수십 개의 AI가 의사결정·기획·창작을 수행합니다. 이것은 단순히 더 똑똑한 기계의 출현이 아니라, 지식 생산, 노동 구조, 교육 시스템, 정체성의 개념까지 새롭게 정의해야 하는 시점입니다.

이미 AI는 하루 만에 논문을 쓰고, 영상·음악·코드를 생성하며, 인간의 언어와 감정 패턴을 학습합니다. ChatGPT, Claude, Gemini 등 다수의 AI 모델이 인간 전문가 집단의 평균 성과를 추월하는 결과를 보여주고 있습니다.

이 단계는 인류가 만든 기술이 인간의 인지 능력을 초월하는, 즉 초지능 ASI, Artificial Superintelligence의 문턱을 넘어서는 순간입니다.[2] 이때부터 AI는 단순히 '문제 해결자'가 아니라 '문제 정의자'로 변화합니다.

인간이 어떤 목표를 설정하든, AI는 그 목표를 달성할 수 있는 최적의 전략을 설계하고 실행할 수 있는 존재로 발전하고 있습니다. 인간이 지식을 '외부화'해 온 지난 3천 년의 흐름은 이제 완전히 다른 국면으로 들어섰습니다. 이제 인간은 지식을 '내재화'하는 존재가 아니라, 지능을 '설계하고 관리하는 존재'가 되어야 합니다. AI의 발전은 기술의 진보를 넘어 인간 존재의 의미에 관한 질문을 던집니다.

"인간은 이제 어떻게, 무엇으로 존재해야 하는가?"
"AI가 지식을 생산한다면, 인간은 어떤 가치를 만들어야 하는가?"

이 물음이 바로 라이프엔지니어링이라는 새로운 패러다임의 출발점입니다. AI가 세상을 '추론'할 수 있게 되었을 때, 인간은 이제 '의미'를 설계해야 하는 시대가 된 것입니다.

>>> 인지 자동화는 사람의 역할을 어떻게 정의할까?

AI의 본질은 '인지 자동화', 즉 '지능 생산의 자동화'입니다. 제1차 산업혁명이 신체 노동을 기계로 대체했다면, 이번 혁명은 두뇌 노동의 대체와 확장입니다. AI의 가장 직접적인 파급력은 경제와 노동 시장에 나타나고 있습니다. 2024년 맥킨지 보고서Mckinsey Report에 따르면, 2030년까지 전 세계 노동의 약 40%가 자동화될 것으로 예측됩니다.[3] 특히 사무직·행정직 같은 지식 노동이 기계에 의해 빠르게 대체될 가능성이 높습니다. 금융·법률·교육·의료·콘텐츠 분야 등 고숙련 직군이 더 큰 영향을 받습니다. 이는 산업혁명 이후 처음으로, 인간의 '머리로 하는 일'이 기술에 의해 위협받는 시기임을 의미합니다.

AI의 생산성은 이미 인간을 능가하고 있습니다. ChatGPT, Claude, Gemini 같은 언어모델은 문서 작성·요약·번역·기획 등의 지식 작업을 90% 정확도로 수행하며, 몇 분 만에 보고서를 작성합니다. 기업들은 AI를 '직원'으로 채용하기 시작했고, "AI와 사람이 협력하는 팀"이 조직의 표준 구조로 자리 잡아가고 있습니다.[4] 아울러 인공지능 시대에는 중간 정도의 능력으로는 생존할 수 없으며, 무엇을 하든 가장 잘하는 사람만이 살아남는 '슈퍼스타 경제시스템'으로 전환됩니다.[5] 조직은 장기간 인력을 양성하거나 비숙련 인력을 고용할 여유가 없어지고, 이제 모든 구성원의 개인의 CEO로서 자기 완결성을 갖춘 프리랜서 형태로 기능하게 됩니다.

이 변화는 단순히 일자리가 사라지는 것이 아니라, '일의 본질'을 다시 정의하는 과정입니다. 즉, '직업의 종말'이 아니라 '일의 재구성'입니다. 과거에는 "나는 무슨 직업을 가지고 있나?"가 중요한 질문이었다면, 앞으로는 "나는 어떤 문제가 있는지를 파악하고, 그 문제를 해결할 수 있는 사람인가?"가 핵심 질문이 됩니다. 즉, 직업 중심 사회에서 직능 중심 사회로 이동하고 있습니다. 의사·교사·디자이너·회계사 등 전통적 직업명은 점차 의미를 잃습니다. 대신 문제 해결 능력·창의력·윤리 판단력·공감력 같은 인간 고유 역량이 새로운 '노동 통화'가 됩니다.[6] 예를 들어, AI 회계 프로그램이 숫자를 정리해 줄 수는 있지만, 기업의 미래 방향을 판단하고 윤리적 결정을 내리는 일은 여전히 인간의 몫입니다.

디자인 AI가 이미지를 만들 수는 있지만, 그 이미지가 사람들에게 어떤 감정적 경험을 줄지는 인간만이 이해할 수 있습니다. 즉, AI는 '일의 실행자', 인간은 '일의 의미 해석자'로 역할이 재구성되고 있습니다. AI와 경쟁하는 것이 아니라 AI와 협업하며 의미를 설계하는 인간으로 진화하는 것. 이것이 바로 미래 경제의 새로운 생존 모델입니다. AI가 데이터 분석과 실행을 담당하고, 인간은 방향·의미·윤리·창의성을 담당하는 형태의 협업이 시작된 것입니다. 기업들은 "AI 에이전트 팀"을 구성하여 프로젝트를 진행하고, 개인들은 여러 개의 AI를 자신의 '보조 뇌Second Brain'처럼 활용합니다. 예를 들어, 한 명의 기획자는 3개의 AI와 협업합니다. 데이터 분석 AI, 언어 생성 AI, 이미지 생성 AI와 협업하며, '혼자서도 조직처럼 일하는 시대'가 되었습니다. 이 변화는 기술보다 더 깊은 차원의 변화를 요구합니다. 이제 중요한 것은 '직업'이 아니라 '역할', 즉, "나는 어떤 가치를 창출할 수 있는 사람인가?"입니다.

맥고완과 쉬프리Heather E. McGowan & Chris Shipley는 『The Adaptation Advantage』에서 "미래의 경쟁력은 기술의 숙련이 아니라, 정체성의 유연성이다. 자신의 정체성을 재정의하고, 다시 설계할 수 있는 인간이 살아남는다."라고 강조합니다.[7] 즉, AI에게 대체 당하지 않기 위해 열심히 노력하는 것이 아니라, 변화 속에서 자신을 끊임없이 재설계할 수 있는 '적응의 기술'이 필요해진 것입니다.

하나의 직업과 한 곳에서의 노동으로 평생을 살아가는 시대는 끝났습니다. 대신 '멀티 포트폴리오 커리어'가 일상화됩니다. 하루의 절반은 회사 프로젝트, 나머지는 개인 창작, 온라인 수익, 지역사회 봉사 등으로 구성되는 삶의 패턴입니다. 이러한 시점에서 부모나 교사가 아이들에게 '안정된 직장'을 계속 말하기는 어렵습니다. 지금 자녀에게 가르쳐야 할 것은 '나의 역량, 가치, 에너지'를 설계하고 운용하는 능력, 즉 라이프엔지니어링입니다.

>>> 의미 상실의 가벼운 사회, 대안은?

AI는 단지 일터만이 아니라 사회와 문화의 구조까지 뒤흔들고 있습니다. 데이터가 권력이 되는 시대, 사회는 점점 '계층화된 알고리즘 사회'로 이동하고 있습니다. 정보 접근의 문턱은 낮아졌지만, 데이터 해석 능력의 차이가 새로운 불평등을 낳습니다. OECD는 "AI 리터러시의 격차가 기존의 교육 격차보다 빠르게 커지고 있다"고 지적합니다.[8] 즉, 더 이상 '무엇을 아는가?'가 아니라 '어떻게 해석하고 연결하는가?'가 경쟁력이 된 것입니다.

이 변화는 사회의 근본적인 질서를 바꾸고 있습니다. 데이터 과학자 송길영은 『시대예보: 경량문명의 탄생』에서 "기술의 속도는 인간의 속도보다 빠르고, 관계의 회복력은 언제나 기술보다 느리다."라고 말합니다.[9] 그는 AI가 만들어내는 새로운 문명을 '경량 문명(輕量文明)'이라 부르고, 이 문명이 생산과 협력의 방식을 근본적으로 재정의한다고 분석합니다. 특히 AI와 협력하는 '증강된 개인'의 등장이 생산의 경량화와 유연한 네트워크 협력 구조를 촉진하고 있습니다.[10] 즉, 무겁고 느린 조직의 시대가 끝나고, 가벼우면서도 민첩한 개인의 시대가 열린 것입니다.

이러한 변화는 직업관과 관계관의 대전환을 요구합니다. 과거의 중량 문명은 '조직이 사람을 키우는 구조'였습니다. 신입사원을 채용해 교육하고, 충성의 대가로 평생 고용을 보장하던 시대였습니다. 하지만 이제 기업은 떠날지도 모를 인재를 장기적으로 양성할 여유가 없습니다. AI가 신입의 일상 업무Task를 대체하면서, 조직은 '경력 같은 신입', 즉 즉시 투입 가능한 개인만을 원하게 되었습니다.[11] 이 말은 곧 '좋은 대학 = 좋은 직장'의 공식이 더 이상 통하지 않는다는 뜻입니다. AI 시대의 청년은 '조직에 속한 사람'이 아니라 'AI와 협력하는 독립된 개인'으로 성장하게 될 것입니다.

이제 생산의 무게는 개인에게로 옮겨지고, 관계의 구조도 가벼워졌습니다. AI 알고리즘은 우리의 선택을 대신하며, SNS는 관계를 즉각적 피드백 구조로 만듭니다. 사람들은 '깊은 관계'보다 '빠른 반응'을 선호하고, '함께 성장하는 연결'보다 '즉시 보상받는 연결'을 찾습니다. 그 결과, 효율성과 편리함은 커졌지만, 그 이면에는 '관계의 피로', '의미의 상실', '정체성의 혼란'이 심화되고 있습니다. 우리는 지금, 연결되어 있지만 고립된 사회에 살고 있습니다. AI는 이를 더욱 가속화합니다. 추천 알고리즘은 사용자의

취향을 미세하게 분석해, 비슷한 생각과 경험만을 되돌려주는 '버블 월드'
를 만듭니다. 이 안에서 사람들은 다름을 경험하지 못하고, 결국 '생각하는
인간'보다 '반응하는 인간'으로 길러집니다.

　정보는 더 이상 부족하지 않습니다. 정보 과잉의 시대에, 우리는 넘쳐나
는 정보 속에서 길을 찾아야 하는 삶을 살고 있습니다. AI가 모든 답을 대
신 찾아주는 사이, 우리는 점점 이 질문을 잃어가고 있습니다. "무엇을 위
해 배우고 일하며 살아가는가?" AI 시대의 가장 큰 위기는 기술의 문제가
아니라 '의미의 위기Meaning Crisis'입니다.

　과거에는 일을 통해 성취를, 관계를 통해 소속을, 배움을 통해 자아를 확
장했습니다. 그러나 지금의 10대는 이 세 가지 축의 이유를 스스로 정의하
기 어렵습니다. 학교는 여전히 '성적'으로 평가하고, 사회는 '스펙'으로 서
열을 매기며, SNS는 끊임없는 비교를 통해 자존감을 흔듭니다. 그 결과 아
이들은 "나는 왜 이걸 해야 하지?"라는 질문 앞에서 길을 잃습니다.

　이 시대에 필요한 것은 기술만이 아닙니다. 스스로 의미를 설계하고, 자
신만의 성장 시스템을 만드는 힘입니다. AI는 정보를 줄 수 있지만, 의미를
만들어 주지 못합니다. 그 의미를 설계할 수 있는 존재는 오직 인간 자신뿐
입니다. 결국 AI 시대의 진짜 문제는 기술 격차가 아니라 '인간의 회복력'
입니다. 기술이 빠르게 진화할수록, 인간은 더 깊이 자신의 가치와 방향을
설계해야 합니다. AI가 '무엇을 할 수 있는가?'를 묻는 시대에서, 이제 우
리는 '무엇을 어떻게 해야 하는가?'를 스스로 결정해야 하는 시대에 들어
섰습니다. 그 판단의 근거는 기술이 아니라 철학이며, 도구가 아니라 삶의
설계력입니다. AI 시대의 인간은 더 이상 단순히 적응하는 존재가 아닙니
다. 의미를 만들어내는 엔지니어, 즉 라이프 엔지니어로 살아야 합니다. 그
것이 '가벼운 사회'를 지탱할 수 있는 가장 깊은 무게이며, 미래 세대가 배
워야 할 새로운 생존의 기술입니다.

>>> 교육의 대전환, 교육에서 학습으로

교육은 지금, 인류 역사상 가장 깊은 변곡점에 있습니다. AI가 모든 지식과 정보를 실시간으로 가르칠 수 있는 시대, 학교와 교사는 더 이상 지식을 전달하는 기관이나 전달자가 아닙니다. 배움의 이유와 방향을 함께 설계하는 공간이자 동반자가 되어야 합니다.

기존 교육의 목적은 지식의 축적과 사회적 적응이었습니다. 교육 모델은 인생의 첫 3분의 1을 차지하는 교육 기간 동안 미리 정해진 기술과 기존 지식을 규정하고 전달하여 개인을 직업 에스컬레이터에 올려놓는 것을 목표로 했습니다.[12] 산업사회는 표준화된 지식을 빠르게 습득해 주어진 역할을 수행할 수 있는 인재를 요구했습니다. 교육의 성공은, 사회가 정해놓은 기술을 학생에게 주입해서 어디에든 바로 투입할 수 있는 '표준화된 인력'을 만드는 것이었습니다. 그래서 교육은 '무엇을 얼마나 많이 아는가?'를 중심으로 체계화되었습니다. 하지만 AI는 이미 인간보다 더 빠르고 정확하게 지식을 저장하고 검색하고 설명할 수 있습니다. 지식을 외우고 축적하는 능력만으로는 자신의 가치를 증명할 수 없는 시대가 된 것입니다.

이제 교육은 중심축이 이동하고 있습니다. '무엇을 아는가?'에서 '어떻게 배우며' '무엇을 위해 살아가는가?'로. 『OECD의 Learning Compass 2030』은 미래 교육의 목적을 '지속 가능한 웰빙을 향해 학습자가 스스로 방향을 설계하고 조정하는 자기주도적 탐색으로 정의'합니다.[13] 이 말은 더 이상 '주입된 목표'를 향해 달리는 것이 아니라, 삶의 의미와 방향을 스스로 설계할 수 있는 힘이 교육의 핵심이 되어야 함을 뜻합니다.

UNESCO 역시 『Futures of Education Report(2021)』에서 "미래의 교육은 인간이 자신을 끊임없이 재해석하고, 지식과 경험을 연결하며, 공동의 미래를 함께 설계하는 능력을 기르는 과정이어야 한다"고 강조합니다.[14]

즉, 학습은 더 이상 '지식의 이전'이 아니라 '정체성과 의미의 재구성 과정'이 되어야 합니다.

이러한 변화는 '교육'에서 '학습'으로의 전환을 의미합니다. 교육이 '제도 중심의 전달'이었다면, 학습은 '개인 중심의 설계'입니다. 교육이 외부에서 주어진 커리큘럼이라면, 학습은 스스로 만드는 생애의 루프입니다. AI가 교과서의 지식을 가르칠 수는 있지만, 삶의 이유와 의미를 설계하는 일은 여전히 인간의 영역입니다.

AI시대의 학습 목적은 단순한 지식의 습득이 아니라 '자기 설계력'이라고 할 수 있습니다. 배움의 결과로 남는 것은 시험 점수가 아니라 "나는 어떤 사람이며, 어떤 방향으로 성장하고 싶은가?"라는 삶의 체계를 세우는 힘입니다. 이때 학습은 일회적 활동이 아니라, '방향·진단→설계·루틴→실행·적용→피드백·점검→재설계·조정'이 순환하는 루프의 형태로 이루어집니다. 루프 안에서 인간은 배우고, 실험하고, 수정하며, 성장합니다.

이러한 관점에서 라이프엔지니어링은 AI 시대 학습의 새로운 목적을 구체화하는 철학이자 방법론입니다. 라이프엔지니어링은 배움을 '삶의 기술', 즉 역량으로 확장시킵니다. 지식을 넘어, 자신의 방향을 진단하고Why, 실행 루틴을 설계하며How, 변화에 따라 자신을 다시 조정하는Adapt 살아 있는 학습 시스템을 만드는 것입니다.

결국 AI 시대의 교육은 더 이상 '지식 경쟁'이 아니라 삶의 설계 경쟁이 되어야 하고, '성적 향상'이 아니라 '의미의 진화'가 되어야 합니다. 학교는 시험을 통한 경쟁 공간이 아니라 삶을 실험하는 실험실이 되어야 하며, 교사와 부모는 '감독자'가 아니라 '설계 파트너'로 변화해야 합니다. AI가 지식을 대체하는 순간, 교육의 목적은 더욱 인간의 본질로 되돌아갑니다.

이제 우리는 묻게 됩니다. "무엇을 배우고 축적했는가?"보다 "어떻게 살아가는가?"를. 라이프엔지니어링은 바로 그 질문에 대한 가장 실천적이고 체계적인 대답입니다.

AI는 더 이상 도구가 아닙니다. 지식을 생산하고, 판단을 돕고, 심지어 인간의 선택을 대신하는 '협력적 지능'의 단계로 진입했습니다.
이 변화는 단순한 기술 혁신이 아니라,
인간의 역할 재정의를 요구하는 문명적 전환입니다.

- 직업Job의 형태는 달라지고, 역할Role은 재구성됩니다.
- 지식은 넘쳐나지만, 삶의 의미는 희미해집니다.
- 교육은 정보 전달이 아니라 '방향 설계'로 이동합니다.

이 시대는 우리에게 묻고 있습니다.
"어떤 의미를 가지고 살아갈 것인가요?"

그 답은 타인과의 경쟁이 아닌,

삶의 방향을 스스로 설계하고 조정하는 힘,
'Life Engineering Literacy'에 있습니다.

제 2 장

100세 인생과 멀티 스테이지 전략

>>> 더 길고 복잡해진 인생, 설계가 답

불과 한 세기 전만 해도, 인간의 평균 수명은 40세 남짓이었습니다. 그런데 지금은 어떤가요? 의학의 발전, 위생의 개선, 영양 상태의 향상, 그리고 기술 혁신이 인간의 수명을 획기적으로 늘려 놓았습니다. 이제 대부분의 선진국에서는 평균 기대 수명이 80세를 넘었고, 한국은 OECD 국가 중에서도 가장 빠른 속도로 고령화가 진행되고 있습니다. 통계청이 발표한 2024년 자료에 따르면, 한국인의 평균 기대 수명은 이미 83.6세에 이르렀고,[15] 2050년경에는 100세에 근접할 것으로 예측됩니다.[16]

그런데 숫자로 표현되는 기대 수명보다 더 중요한 변화가 있습니다. 바로 '체감 수명'입니다. 주변을 둘러보면 이미 90세를 넘겨 건강히 살아가는 어르신들이 드물지 않습니다. 80대 후반에도 새로운 공부를 시작하거나, 사회 활동을 이어가는 이들이 점점 늘고 있습니다. 즉, '100세 인생'은 먼 미래의 예측이 아니라, 이미 우리 세대가 맞이하고 있는 현실입니다.

하지만 문제가 있습니다. 지금 삶의 구조가 여전히 60세 인생 모델에 머물러 있다는 점입니다. 20세 무렵까지 교육받고, 60세 전후까지 일하고, 그 이후는 은퇴와 여가의 시기로 나뉘는 교육-일(직업)-은퇴의 '3단계 인생 구조'가 아직도 사회 시스템과 교육, 노동, 복지 제도의 기본 틀로 작동하고 있습니다. 이 구조는 평균 수명이 60세이던 시절에는 효율적이었습니다.

교육은 집약적으로 끝내고, 일은 길게 지속하며, 노후는 짧게 준비하면 되었기 때문입니다.그러나 이제 인생은 훨씬 더 길어지고, 각 단계의 경계는 흐려지고 있습니다. 60세 은퇴 후에도 30~40년의 시간이 남는 시대. 그 시간은 단순한 '여생'이 아니라 또 다른 '인생의 한 막'입니다. 그래튼과 스콧Lynda Gratton & AndrewScott은 『The 100-Year Life』에서 이런 구조를 "시대 착오적 인생 모델"이라 부릅니다.[17] 그들은 "100세 인생에서는 단순히 오래 사는 것이 아니라, 더 자주 전환하며 살아야 한다"라고 말합니다.

길어진 인생은 단지 시간이 늘어난 것이 아니라, 구조가 복잡해진 인생입니다. 과거의 인생이 한 방향으로 흘러가는 직선이었다면, 이제의 인생은 여러 갈래로 나뉘는 다층 구조입니다. 한 사람이 하나의 직업으로 인생을 끝낼 수 없게 되었습니다. AI와 기술의 발전으로 평균 직업 수명은 10년 미만으로 단축되었고, 한 사람이 평생에 걸쳐 5~7개의 직업과 3~5개의 커리어를 경험하게 됩니다.[18]

인생의 길이가 두 배가 되면서, 그 안에서 '전환'과 '재시작'의 빈도 역시 두 배 이상 늘어난 것입니다. 즉, 인생의 성공은 이제 변했습니다. '얼마나 오래 사느냐'보다 '얼마나 자주 자신을 다시 설계할 수 있느냐'로. 길어진 인생은 '지속의 인생'이 아니라 '전환의 인생'입니다. 한 번의 학위, 한 번의 진로 선택, 한 번의 경력으로는 100세 인생을 버틸 수 없습니다.

이제 필요한 것은 지속적으로 배우고, 일하고, 쉬고, 다시 설계하는 능력입니다. 즉, '자기 설계 루프'입니다. 이러한 인생 구조의 전환은 단순한 생애 주기의 변화가 아닙니다. 사회적 관계, 경제적 가치, 교육의 의미, 일의 형태까지 모두 달라지고 있습니다. 삶이 길어진 만큼, 우리는 더 자주 새로운 정체성을 만들어야 하고, 더 깊이 자신을 이해하며, 더 유연하게 변화에 대응해야 합니다.

삶이 길어질수록, 인생은 더 복잡해지고 더 자주 바뀝니다. 따라서 앞으로의 세대가 배워야 할 것은 '얼마나 오래 사느냐'가 아니라 '어떻게 다시 설계하며 살아가느냐'입니다.

▶▶▶ 3단계 인생에서 멀티 스테이지 인생으로

제1차 산업혁명 이후 인류의 근대적 인생 구조는 오랫동안 '교육-일-은퇴'라는 세 단계로 나뉘어 있었습니다. 이 구조는 20세기 산업화 시대의 산물입니다. 그 시기 사회는 안정된 기업과 직장이 있었고, 개인은 '한 번 배운 지식'으로 평생 일할 수 있었습니다.

국가와 기업은 생산성을 높이기 위해 교육, 노동, 노후를 분리해 체계화했습니다. 학교는 노동력을 준비시키는 기관이었고, 직장은 한 사람의 생애를 책임지는 공간이었으며, 은퇴는 쉼과 안식의 마지막 단계였습니다. 이때 개인의 인생은 마치 거대한 톱니바퀴 속 하나의 부품처럼 작동했습니다. 개인은 자신의 속도나 방향을 선택할 수 없었습니다. 밀집된 형태로 모두가 같은 시기에 배우고, 같은 나이에 일하고, 정해진 시점에 은퇴해야 했습니다. 누군가 속도를 늦추거나 다른 길을 택하려 하면 사회경제적 전체 체계의 리듬에서 이탈한 사람, 즉 '비정상'으로 간주되었습니다. 이것이 바로 '밀집형 인생 구조Compressed Life Structure', 즉 효율과 속도에 맞춰 인생을 압축한 시대의 산물입니다.

이 밀집형 인생 구조에서는 '교육-일-은퇴'의 3단계가 시간적으로도, 사회적으로도 밀착되어 있었습니다. 10대와 청년기는 '준비', 중년은 '생산', 노년은 '퇴장'이라는 공식이 암묵적 사회 규범이 되었습니다. 개인은 인생의 설계자가 아니라 사회경제 체계의 한 부품으로 존재했습니다. 배움과 일, 쉼은 순차적으로만 가능했고, "배우는 시기에 일하지 말고, 일할 땐 따로 배우거나 딴짓하지 말라"는 보이지 않는 규율이 개인의 선택을 가뒀습니다. 이처럼 효율은 극대화되었지만, 자율과 다양성은 사라졌습니다. 결국 밀집형 인생 구조는 '예측 가능한 안정'을 주는 대신, 유연성과 전환의 여지는 거의 없었습니다. 이렇게 만들어진 3단계 인생 모델은 평균 수명이 60세 남짓하던 시기에는 충분히 작동할 수 있었습니다.[19]

그러나 AI 기술과 인간 수명의 비약적 연장은 이 톱니바퀴형 인생 구조를 근본부터 흔들었습니다. 인생이 길어지고, 기술이 일을 대신하면서, '정해진 길을 따라가는 삶'은 더 이상 작동하지 않습니다. 이제 지식의 반감기는 3~5년 이하로 짧아졌고, 한 번 배운 기술로는 평생 일할 수 없습니다. 직업의 수명보다 개인의 수명이 훨씬 길어지면서, '한 번의 교육, 하나의 커리어, 한 번의 은퇴'라는 공식은 무너지고 있습니다.

그래튼과 스콧은 "3단계 인생 모델은 더 길어진 생애를 감당하지 못한다." 말합니다.[20] 인생은 길어졌는데 배움은 여전히 짧고, 일은 너무 길며, 은퇴는 너무 고립되어 있기 때문입니다.

이제 인생은 더 이상 한 번의 궤적이나 하나의 긴 선이 아니라, 여러 개의 곡선이 서로 얽히며 이어지는 구조, 즉 여러 번의 전환으로 바뀌고 있습니다. 학습-일-전환-재학습-도전-기여-휴식이 고정된 순서 없이 얽히며 이어집니다. 이것이 바로 '멀티 스테이지 인생'입니다. 멀티 스테이지 인생은 나이, 직업, 역할이 더 이상 정해져 있지 않습니다. 누군가는 40대에 다시 배우고, 누군가는 60대에 새 일을 시작하며, 누군가는 인생 중간에 '잠시 멈춤'을 선택할 수 있습니다.

삶의 단계가 유동적으로 바뀌며, 배움과 일, 쉼과 성장이 동시에 존재하는 순환형 인생 구조로 전환된 것입니다. 즉, 각 단계는 순차가 아니라 순환하며 반복됩니다. 한 번의 교육이 아닌 여러 번의 배움과 실험, 하나의 직업이 아닌 여러 번의 전환과 탐색, 한 번의 은퇴가 아닌 여러 번의 재시작! 이 모든 것이 가능합니다.

멀티 스테이지 인생의 핵심은 '전환'에 있습니다. 한 단계의 종료가 곧 다음 단계의 시작이 아니라, 배움과 일, 휴식과 기여가 서로 뒤섞이면서 새로운 조합을 만들어냅니다. 즉, 각 단계의 끝이 새로운 출발점이 되며, 삶은 계속해서 자신을 재조정합니다. 그래튼과 스콧은 이를 "시간의 재구성"이라 부릅니다.[21] 과거에는 젊을 때 배우고, 중년에 일하고, 노년에 쉰다는 식의 시간 배분이 가능했지만, 이제는 나이에 상관없이 배우고 일하고 쉬고 다시 시작할 수 있는 시대입니다. 과거의 인생이 '선형적 시간'이었다면, 이제의 인생은 '순환하는 시간'입니다. 누구도 같은 길을 걷지 않으며, 각자의 루프가 서로 다른 리듬으로 움직입니다.

이 변화는 인생의 표준화된 궤도에서 개별적 설계로의 전환을 의미합니다. 과거의 인생이 사회가 정한 경로를 따르는 '표준형 인생'이었다면, 이제는 각자의 의미와 가치에 따라 재구성되는 '개인화된 인생Personalized Life'입니다. 누구의 속도에도 맞추지 않고, 스스로 자신의 생애 루프를 설계하며 살아가는 시대입니다.

결국 밀집형 인생 구조는 효율의 시대가 낳은 '밀집적 인생 모델'이었다면, 멀티 스테이지 인생은 자율의 시대가 요구하는 '개별적 생애 설계'입니다. AI와 100세 시대의 인생은 더 이상 정해진 궤도를 따르는 여정이 아닙니다. 스스로 생애 루프를 설계하고, 자신만의 속도로 순환하며 살아가는 기술. 그것이 바로 라이프엔지니어링이 제시하는 새로운 인생 패러다임입니다.

>>> 성장 자원으로써 중요해지는 '무형 자산'

100세 시대의 인생은 단순히 더 많은 시간을 사는 것이 아닙니다. 더 복잡하고 다양한 국면을 살아야 하는 삶입니다. 이제 인생은 한 번의 직선이 아니라, 수없이 이어지는 곡선의 연속입니다. 그 과정마다 우리는 새로운 배움, 전환, 도전을 경험하게 됩니다. 따라서 100세 인생의 핵심 과제는 '얼마나 오래 일할 수 있는가?'가 아니라 '얼마나 지속적으로 성장할 수 있는가?'로 옮겨가고 있습니다.

이 긴 여정을 살아가기 위해 사람들은 흔히 돈이나 일 같은 유형 자산을 먼저 떠올립니다. 하지만 아무리 많은 재산을 모아도, 삶의 에너지가 고갈되고 관계가 끊어지면 그 삶은 쉽게 균형을 잃습니다. 눈에 보이는 자산이 인생의 기반이라면, 눈에 보이지 않는 자산은 인생의 방향을 결정합니다. 그래튼과 스콧은 이런 보이지 않는 자산을 무형 자산이라 부르며, 그것이야말로 장수 시대를 지탱하는 진짜 성장의 기반이라고 말합니다.[22]

무형 자산이란 돈처럼 수치로 계산할 수 없지만, 삶의 지속 가능성을 만들어 주는 내면의 힘입니다. 건강과 에너지, 관계와 신뢰, 배움과 정체성, 의미와 회복력 이것들은 눈에 보이지 않지만, 삶이 흔들릴 때 우리를 다시 일으켜 세우는 자원입니다.

유형 자산이 삶을 움직이게 하는 연료라면, 무형 자산은 그 삶을 오래 지속시키는 엔진입니다. 특히 100세 인생 시대에는 그중에서도 '활력 자산'과 '변형 자산'이 결정적인 역할을 합니다. 먼저 활력 자산Vital Assets은 인생의 에너지를 유지하는 힘입니다. 여기에는 규칙적인 운동과 충분한 수면으로 신체 건강을 관리하는 것, 명상과 스트레스 관리로 정신적 회복력을 키우는 것이 포함된다. 또한 일과 휴식의 균형을 맞춰 번아웃Burnout을 예방하고, 새로운 분야에 대한 호기심을 잃지 않으며 평생 학습을 이어가는 태도도 활력 자산입니다. 멀티 스테이지 인생에서는 한 사람이 여러 번의 전환기를 거치며 새로운 일을 배우고, 다른 환경에 적응하고, 관계를 다시 세웁니다. 이런 전환의 과정에서 필요한 것은 체력보다 생애 에너지 관리의 감각입니다. 활력 자산이 풍부한 사람은 나이가 들어도 배움을 이어가고, 변화의 시기에도 호기심과 열정을 잃지 않습니다. 삶의 리듬이 무너지지 않도록 자신의 에너지를 설계하는 능력. 그것이 바로 활력 자산의 본질입니다.

다음으로 변형 자산Transformational Assets은 인생의 전환기를 통과하며 자신을 새롭게 설계할 수 있는 능력입니다. 인생이 길어질수록, 우리는 더 많은 변화에 직면합니다. 직업이 바뀌고, 관계가 달라지고, 가치관이 흔들릴 때, 그 변화를 단순히 '위기'로 받아들이는 사람과 '새로운 기회'로 전환시키는 사람의 차이는 변형 자산의 차이에서 비롯됩니다. 변형 자산은 '변화를 견디는 힘'이 아니라, '변화를 성장의 계기로 바꾸는 기술'입니다. 자신의 강점과 약점을 정확히 파악하고 가치관을 명확히 정립하는 자기 인식 능력, 새로운 환경에 유연하게 적응하는 태도가 여기에 해당한다. 경력 전환을 위한 재교육과 새로운 기술 습득, 새로운 네트워크를 형성하고 멘토를 찾는 관계 재구성 능력, 인생의 목적을 재설정하고 비전을 새롭게 수립하는 의미 재정립 능력 등도 변형 자산이라고 할 수 있습니다.

그래튼과 스콧은 이것을 "변화와 전환의 시기를 성공적으로 보내는 내적 자원"이라고 표현합니다.[23] 즉, 실패나 불확실성을 끝이 아니라 다음 단계의 출발점으로 삼는 태도입니다.이처럼 활력 자산이 삶을 움직이는 에너지라면, 변형 자산은 그 에너지를 새로운 형태로 바꾸어주는 엔진입니다. 둘 다 눈에 보이지 않지만, 인생의 지속 가능성과 깊이를 결정짓는 핵심입니다. 유형 자산은 시간이 지나면 줄어들지만, 무형 자산은 사용하고 나눌수록 더 깊어집니다. 관계를 나누면 신뢰가 쌓이고, 배움을 이어가면 지혜가 자라며, 의미를 탐색할수록 삶의 방향이 선명해집니다.

결국 100세 인생 시대의 성공은 유형 자산의 크기가 아니라 무형 자산의 루프를 얼마나 잘 순환시키느냐에 달려 있습니다.

라이프엔지니어링은 바로 이 무형 자산을 '관리 가능한 시스템'으로 바꾸는 기술입니다. 삶의 에너지를 설계하고, 의미를 구조화하며, 변화를 성장으로 전환하는 구조를 만드는 것이야말로 긴 생애를 지탱하는 새로운 생존 기술입니다.

>>> 100세 인생 시대, 오래 살면서 "어떻게 잘 살 것인가?"

사람들은 100세 시대를 말할 때 가장 먼저 이렇게 걱정합니다. "얼마나 오래 살 수 있을까?" "그 오랜 시간을 어떻게 버틸 수 있을까?" 그래서 건강 관리, 재정 계획, 은퇴 후 자산 운용이 가장 중요한 준비로 여겨집니다.

하지만 인생이 길어진다는 것은 단지 '삶이 늘어난다'는 뜻이 아닙니다. 그만큼 더 많은 "변화의 단계와 전환의 시기"를 살아야 한다는 뜻입니다. 즉, 100세 인생의 진짜 과제는 '유지'가 아니라 '전환'입니다.

하나의 직업, 하나의 정체성, 하나의 관계망으로는 이제 인생 전체를 감당할 수 없습니다. 중년 이후에 새로운 배움을 시작하고, 퇴직 후에 제2의 커리어를 만들며, 노년에도 사회적 기여를 다시 설계해야 하는 이유가 바로 여기에 있습니다.

길어진 인생은 '한 번 사는 삶'이 아니라, 여러 번 다시 태어나는 삶입니다. 그래서 100세 시대의 실천 전략은 달라져야 합니다. '준비'보다 '설계', '저축'보다 '운용', '마지막 단계의 대비'보다 '새로운 단계로의 재구성'이어야 합니다.

첫째, 건강은 에너지의 자산으로 관리해야 합니다.

수명을 늘리는 것이 목표가 아니라, 삶의 전환기에서 자신에게 맞는 에너지 리듬을 설계하고 유지하는 것이 핵심입니다. 젊을 때는 생산의 에너지, 중년에는 조율의 에너지, 노년에는 회복과 연결의 에너지로 전환됩니다. 즉, '몸의 에너지'를 넘어서 '삶의 리듬'을 다루는 감각이 필요합니다.

둘째, 재정은 가능성의 자산으로 바라봐야 합니다.

돈은 생존의 수단인 동시에 선택의 자유를 위한 에너지입니다. 수입과 소비의 균형보다 더 중요한 것은 "내가 어떤 삶을 지속하고 싶은가?"라는 방향성과 연결된 재정 설계입니다. 삶의 목적이 불분명한 재정은 결국 불안을 키웁니다. 재정 설계는 곧 삶의 가치 설계입니다.

셋째, 관계는 성장의 자산으로 재설계해야 합니다.

100세 인생에서는 관계도 한 번 맺고 끝나는 것이 아니라, 여러 번 새롭게 전환되어야 합니다. AI 시대에 일하는 주요 패턴은 이렇습니다. 해결해야 하는 과제에 따라 '지금' 관계를 맺고 일하며, 과제가 완료되면 헤어지는 방식으로 '잠깐' 관계를 형성하고, 새로운 과제가 생기면 '다시' 만나 일하는 방식입니다.[24] 따라서 관계는 더욱 중요한 자산으로 간주됩니다. 이 연장선상에서 가족, 친구, 동료와의 관계는 인생의 각 시기에 맞춰 서로 다른 의미를 지닙니다. 특히 100세 인생에서 '나이 든 나'를 지탱하는 것은 지위나 경력보다 함께 배우고 성장하는 관계입니다.

마지막으로, 의미를 중심으로 삶을 다시 설계할 수 있어야 합니다.

이제 인생은 '목표를 달성하는 과정'이 아니라, '의미를 갱신하며 살아가는 여정'이 됩니다. 삶의 각 단계에서 자신이 왜 이 일을 하고, 무엇을 배우며, 어떤 사람으로 성장하고 있는지를 돌아보는 순간, 인생은 단순한 시간의 연장이 아니라 의미의 진화가 됩니다.

100세 인생은 단순히 긴 여정이 아닙니다. 여러 번의 새 출발이 가능한 유연한 여정입니다. 이제 우리는 오래 사는 법을 넘어, 스스로를 설계하며 살아가는 법을 배워야 합니다. 결국 100세 인생의 실천 전략이란, 건강·재정·관계·의미를 '하나의 살아 있는 시스템'으로 설계하고 운용하는 일입니다. 그 시스템이야말로 '삶을 스스로 성장시키는 구조'이며, 이 책이 제안하는 라이프엔지니어링의 첫 번째 형태입니다.

인생은 길어졌습니다.
그러나 삶의 구조는 아직도 60세 모델에 머물러 있습니다.
과거의 인생은
교육 → 일 → 은퇴의 3단계 구조였습니다.
그러나 100세 시대의 인생은
학습 → 일 → 전환 → 재학습 → 도전 → 기여가 반복되는
멀티 스테이지 구조입니다.

이제 성공은 "얼마나 오래 일했는가"가 아니라
"얼마나 자주 자신을 재설계할 수 있는가"로 바뀌었습니다.
이 시대에 중요한 것은 유형자산의 크기가 아니라

- 활력 자산(Vital Assets)
- 변형 자산(Transformational Assets)

즉, 에너지를 유지하는 힘과
변화를 성장으로 전환하는 능력입니다.

100세 인생의 핵심전략은
여러 번 다시 시작하는 법을 배우는 것입니다.

제 3 장

각자도생 시대, 설계력이 생존력

>>> 함께였던 사회에서 '스스로'의 사회로

지금 우리는 '각자도생(各自圖生)', 즉 '각자가 스스로 생존을 도모해야 하는 시대'에 살고 있습니다. '각자도생'이라는 말은 원래 위기나 전쟁 같은 상황에서, 국가나 조직의 보호가 약해져 사람들이 스스로 살길을 찾아야 하는 현실을 뜻했습니다. 각자도생 시대의 가장 큰 특징은 바로 이것입니다. '내가 나를 돌본다' 이는 돌봐줄 사람이나 시스템이 없다는 절박함과 믿을 구석이 없다는 인식을 반영합니다. 오해하지 말아야 할 것이 있습니다. 각자도생은 예전보다 개인이 이기적이 되었다는 것이 아니라, 사회 구조가 변화하고 있음을 의미합니다. 과거 사회는 완벽하지는 않지만, 개인을 대신해 주는 안정된 울타리가 있었습니다. 좋은 학교에 들어가면 괜찮은 직장을 얻고, 정규직으로 일하면 일정한 급여와 복지가 보장되며, 퇴직 후에는 연금과 가족이 노후를 지탱해 주던 시절이 있었습니다.

그러나 이제 그 울타리들이 빠르게 사라지고 있습니다. 기술의 속도는 정책보다 빠르고, 산업의 변화는 교육보다 빠릅니다. 기업의 수명은 짧아지고, 한 직장에서 평생 일한다는 개념은 거의 사라졌습니다. 학교를 졸업해도 일자리를 찾기가 어렵고, 회사에 들어가도 언제 구조조정이 일어날지 모릅니다. 퇴직 후의 삶은 더 길어졌는데, 제도적 안전망은 오히려 약해졌습니다. 한마디로, '시스템이 나를 대신 책임져주던 시대가 끝나가고 있다.' 이제는 개인이 스스로 방향을 정하고, 스스로 배우고, 스스로 관계를 맺으며, 스스로 성장을 만들어야 합니다. 이것이 바로 각자도생의 사회입니다. 보호막이 약해진 시대, 스스로를 설계하고 경영할 수 있는 힘이 곧 생존의 기본 조건이 됩니다.

각자도생 시대는 어디서 비롯되었을까요? 인공지능이 만드는 새로운 질서와 100세 인생의 도래로 인하여 한 번의 선택으로는 부족한 시대로부터 비롯됩니다. 이러한 급속한 변화에도 불구하고 각종 사회적, 경제적, 교육적 제도 등 사회 시스템의 혁신은 지연되고 있고, 교육·노동·복지 제도는 여전히 20세기형 구조를 유지하고 있습니다. 교육 제도는 여전히 산업화 시대의 모델을 기본으로 하고 있습니다. 노동 시장 또한 정규직 중심의 틀을 유지하면서도, 실제 경제는 프로젝트형·프리랜서형·하이브리드형으로 빠르게 이동 중입니다. 정부의 복지제도에 대한 혁신은 느리고, 청년 세대의 주거와 일자리 불안은 커지고 있습니다.

이런 제도적 혁신의 지연과 변화의 가속 사이에서, 개인은 이제 스스로를 시스템처럼 관리하고 설계해야만 살아남을 수 있습니다. 결국, 삶의 설계자는 자기 자신이 될 수밖에 없습니다. 이제는 누구나 '나의 일', '나의 학습', '나의 성장'을 직접 설계해야 하는 시대가 된 것입니다.

>>> 각자도생 시대에 필요한 새로운 능력

각자도생의 시대에는 무엇이 더 중요해질까요? '무엇을 아는가?'보다 '스스로 방향을 정해 설계할 줄 아는가?'가 더 중요해집니다. 설계력은 단순한 계획 세우기의 기술이 아니라, 불확실한 환경에서 스스로 시스템을 만들어내는 힘입니다. 외부의 기준이 사라져도 자신의 기준으로 방향을 세우고, 그 방향에 맞게 에너지를 조율하며, 변화가 오면 다시 시스템을 고쳐 나가는 내적 운영력입니다. 즉, 설계력이란 삶의 구조를 스스로 그릴 수 있는 지능입니다. 그림을 그리듯 내 삶의 방향을 정하고, 그 위에 '일·관계·학습'의 요소를 배치하며, 필요할 때는 지워서 다시 그릴 수 있는 능력입니다. 이 능력은 한 번 배우면 끝나는 기술이 아니라, 삶 전체를 통해 길러지는 사고의 습관입니다.

라이프엔지니어링은 바로 이 설계력을 체계적으로 개발하기 위한 학문적 기반이자 실천적 틀입니다. 하지만 그 핵심은 이론이 아니라 '살아 있는 인간'입니다. 변화의 흐름을 읽고, 자신에게 맞게 조정하고, 그 과정에서 새로운 의미를 만들어내는 인간의 능력을 복원하는 일, 이것이 라이프엔지니어링이 말하는 설계력의 본질입니다. 결국, 설계력이란 무엇일까요? 시대의 불확실성을 '위기'로만 보지 않고, 자기 성장의 설계 재료로 바꾸는 힘입니다.환경이 변해도 스스로를 잃지 않는 사람, 길이 막혀도 시스템을 새로 짤 줄 아는 사람, 그런 사람이 각자도생의 시대에 가장 유연하게 살아남습니다.

>>> 개인에서 공동체로, 그리고 시스템으로

각자도생의 시대는 개인의 고립을 의미하지 않습니다. 오히려 이 시대는 '스스로 서서, 함께 순환하는 능력'을 요구합니다. 누구도 완벽히 독립할 수는 없고, 그렇다고 예전처럼 의존할 수도 없습니다. 그 사이에서 우리는 '자율적 연결'이라는 새로운 방식으로 서로를 지탱해야 합니다.

이 시대의 실천 전략은 세 가지 변화로 요약할 수 있습니다.

첫째, 경쟁 위주에서 순환 위주로

이전까지의 사회는 경쟁을 통해 서열을 만들고, 성공의 정의를 위로 향하는 구조로 그렸습니다. 그러나 각자도생 시대에는 성공의 형태가 달라집니다. 이제는 '얼마나 빨리 오르는가?'가 아니라 '얼마나 지속적으로 순환하며 학습하는가?'가 중요합니다. 삶은 직선이 아니라 순환 구조로 움직이기 때문입니다.

둘째, 외적 결과 중심에서 내부 과정 중심으로

기존의 성장 모델이 성적, 직위, 연봉처럼 외부 성과에 집중했다면, 이제는 달라집니다. '루프의 과정', 즉 매일의 진단·실행·점검·조정의 반복 속에서 성장의 의미를 찾는 방식으로 바뀝니다. 이는 과정 중심의 자기실현 방식입니다. 작은 루틴의 개선이 큰 변화를 만들어냅니다. 이 루프적 사고가 바로 라이프엔지니어링의 기초가 됩니다.

셋째, 단선적 관점에서 시스템적 관점으로

각자도생은 혼자 일직선으로 정해진 경로대로 따라가며 살아남는 전략이 아닙니다. 스스로 연결되고 순환하며 구조와 에너지가 작동하는 시스템을 만드는 전략입니다. 나의 하루, 가족의 리듬, 관계의 구조까지 '하나의 살아 있는 시스템'으로 설계할 때, 우리는 불확실한 시대 속에서도 균형을 유지할 수 있습니다. 이는 단순한 자기 계발이 아니라, 삶을 공학적으로 다루는 새로운 인생 패러다임의 등장을 의미합니다.

결국, 각자도생 시대의 실천은 무엇일까요? '혼자 사는 법'이 아니라 '협력하며 함께 살아남는 법을 스스로 설계하는 일'입니다. 각자도생 시대의 해답은 고립이 아니라 연결이며, 의존이 아니라 자기 설계의 자립적 순환입니다. 이제, 시대는 우리에게 묻습니다. "당신은 어떻게 살아갈 것인가?"에서 더 구체적으로, "당신은 어떻게 삶을 설계할 것인가?"로.

AI, 100세 인생, 각자도생이라는 거대한 전환기 속에서 과거의 선형적 인생 공식이 붕괴함에 따라, 불확실한 미래를 살아가기 위한 새로운 생존 전략으로 삶을 스스로 설계하고 업그레이드하는 능력이 반드시 필요합니다. 이제 제2부에서는 그 철학을 구체적 기술로 전환합니다. '라이프엔지니어링', 삶을 하나의 시스템처럼 설계하고 운용하는 기술이 그 해답이 될 것입니다.

각자도생 시대, 설계력이 생존력이다

나를 보호하던 사회적 울타리가 약해지고 있습니다
교육·노동·복지 제도는 20세기 구조에 머물러 있지만, 기술과 산업은 빠르게 변하고 있고 삶의 책임은 개인에게 이전되었습니다.
각자도생의 해답은 고립이 아니라 자율적 연결입니다.
이 시대에 필요한 능력은 세 가지입니다.

- 경쟁 중심이 아닌 순환 중심 사고
- 외적 결과가 아닌 과정 중심 성장
- 단선적 경로가 아닌 시스템적 설계

설계력이란 계획 능력이 아닙니다. 변화 속에서 스스로 구조를 다시 짤 수 있는 힘입니다.

길이 막히면 돌아가는 사람이 아니라,
길의 구조를 새로 설계하는 사람.

그 사람이 각자도생 시대의 생존자입니다.
이제 우리는 묻습니다.
"어떻게 살아갈 것인가?"가 아니라
"어떻게 삶을 설계할 것인가?"

PART
2
Life Engineering

라이프엔지니어링 이해
삶을 설계하고 경영하는 기술

지금의 위기는 정보 부족이 아니라 방향 상실이다. 필요한 것은 지식어 아니라, 스스로를 재설계하고 운용하는 기술이다. 라이프엔지니어링은 삶을 하나의 시스템으로 바라본다. 완벽한 '계획'이 아니라, 피드백을 통해 지속적으로 개선하는 '운용'의 방식이다.

- ▶ **패러다임** : 철학과 공학의 결합
- ▶ **구조** : 5·3·5·6 시스템
- ▶ **메커니즘** : 성장 루프(Loop)의 작동 원리

제4장

삶을 시스템처럼 설계하는 라이프엔지니어링

>>> 대전환의 시대, 왜 삶을 설계해야 하는가?

인류의 역사는 늘 '도구'를 통해 진화해 왔습니다. 불을 다루는 기술이 생존을 가능하게 했고, 농업 기술이 정착을 가능하게 했으며, 산업 기술이 풍요를 가져왔습니다. 그러나 지금 우리가 마주한 시대는, 그 어떤 기술보다 인간의 삶 자체를 다시 설계해야 하는 시대입니다.

AI와 디지털 기술은 이미 단순한 도구가 아닙니다. 인간의 사고·판단·감정의 일부를 대체하고 확장하는 존재로 변모하고 있습니다. 예전에는 사람의 일과 기술의 역할이 명확히 구분되었습니다. 인간이 사고하고 결정하고, 기술은 그것을 돕는 수단이었습니다. 하지만 오늘날, AI는 인간이 해야 할 '결정'의 일부를 수행하고 있습니다. 이제 사람은 기술의 도움을 받는 존재가 아니라, 기술과 함께 협력하며 스스로의 존재 방식을 새롭게 정의해야 하는 시점에 이르렀습니다.[1]

100세 시대 역시 삶의 구조를 뒤흔들고 있습니다. 100세 시대는 인간의 삶의 길이를 연장하는 동시에 '어떻게 살아야 하는가?'라는 질문을 더 깊고 무겁게 만듭니다. 길어진 수명은 단순히 '더 오래 사는 것'이 아니라, '더 많은 선택을 해야 하는 것'을 의미합니다. 평균 수명이 60세였을 때는 인생의 절반 이상이 이미 사회가 정해준 길 안에서 살아왔습니다. 하지만 이제는 인생의 2/3 이상이 스스로의 설계에 달려 있습니다. 그만큼 삶을 다루는 기술이 필요해졌습니다. 이제 부모나 교사 세대가 익숙했던 '한 번의 성공', '한 번의 선택'만으로 평생을 살아갈 수 없습니다.

이제 중요한 것은 무엇일까요? '어떤 직업을 갖는가?'가 아니라, '어떤 삶의 방향을 가지고, 그 방향 속에서 스스로를 계속 갱신해 나갈 수 있는가?'입니다.

10대 자녀를 둔 부모들이 느끼는 막연한 불안감도 바로 여기에 있습니다. "우리 아이가 미래에 무엇을 해야 할까?"라는 질문이 아니라 "우리 아이가 어떤 사람으로 살아갈 수 있을까?"라는 더 근본적인 질문으로 바뀌고 있습니다. 이제 교육의 중심은 '직업 준비'가 아니라 '삶의 준비'로 이동하고 있습니다. 이 시대의 10대는 미래의 직업보다, 변화 그 자체를 다루는 능력을 배워야 합니다. 삶의 불확실성에 대응하기 위한 가장 근본적인 역량은 '지식'이 아니라 '설계력'입니다.

이런 흐름 속에서 등장한 새로운 개념이 바로 라이프엔지니어링입니다. 라이프엔지니어링은 단순한 자기 계발과는 차원이 다릅니다. 그것은 "좋은 삶을 지속적으로 추구하기 위해, 인생을 하나의 시스템처럼 설계하고,

의미 있는 방향으로 에너지를 운용하며, 변화에 맞춰 자신을 계속 재설계하는 기술"입니다.[2] 라이프엔지니어링은 한마디로 삶을 하나의 시스템처럼 이해하고, 의미를 중심으로 설계하며, 변화에 따라 스스로 업그레이드해 나가는 기술입니다.

라이프엔지니어링의 정의에는 세 가지 핵심이 담겨 있습니다. 하나는 삶을 시스템으로 보는 시각, 다른 하나는 의미를 중심으로 방향을 세우는 태도, 그리고 마지막은 변화에 맞춰 스스로 자기 자신을 계속 업그레이드시키는 능력입니다.

우리는 오랫동안 인생을 목표와 계획의 대상이라고 생각해 왔습니다. 하지만 예측에 기반한 계획만으로는 더 이상 불확실한 미래를 온전히 헤쳐 나가기 어렵습니다. 그래서 필요한 것이 '설계'의 사고입니다. 계획이 정해진 정답을 향해 나아가는 직선이라면, 설계와 재설계는 끊임없이 실행하고 조정하며 나아가는 '순환 구조'에 가깝습니다. 라이프엔지니어링은 이러한 순환적 사고를 바탕으로, 인간이 자신의 삶을 능동적으로 구성하고 변화시킬 수 있도록 돕는 것입니다.

이 시대의 삶은 더 이상 단선적이지 않습니다. 학습(교육), 일(직업), 관계, 건강, 의미, 행복 등의 요소들이 상호 연결되어 있습니다. 이제 우리는 삶의 여러 영역을 유기적으로 바라보고, 그 연결을 설계할 수 있어야 합니다. 라이프엔지니어링은 그 연결을 이해하고 다루는 새로운 '삶의 기술'입니다.

삶을 살아가는 과정 전체를 '하나의 시스템'으로 바라보고, 그 안에서 끊임없이 조정하고 학습하며 업그레이드하는 기술을 길러주는 것입니다. 이제 '좋은 인생'이란 고정된 목표가 아니라 움직이는 구조입니다. AI 시대와 100세 시대, 각자도생의 현실은 우리에게 묻습니다.

"당신은 자신의 삶을 설계할 수 있는가?"

라이프엔지니어링은 그 질문에 대한 가장 실질적인 대답입니다.

>>> 철학처럼 성찰하고, 공학처럼 체계화하는 삶의 기술

라이프엔지니어링의 핵심은 인간의 삶을 '성찰과 설계의 융합'으로 바라보는 것입니다. 즉, 철학처럼 삶의 의미를 묻고, 공학처럼 그 의미를 구조화하며 구현할 방법을 찾아, 인간답게 실천하고자 합니다. 이 두 가지가 만날 때, 인간은 단순한 계획 실행자에서 자기 시스템의 설계자로 성장합니다.

철학은 인간에게 "왜"라는 질문을 던집니다.

왜 살아야 하는가?,
왜 옳은가?,
왜 나에게 의미 있는가?

철학은 삶의 '방향'을 제시합니다. 그러나 방향만으로는 삶이 움직이지는 않습니다. 방향은 있으나 추진력이 부족할 수 있습니다. 방향과 그 의미를 깨달아도 실행 구조가 없다면, 사람은 여전히 제자리에 머뭅니다.

공학은 "어떻게"라는 질문에 집중합니다.

어떤 구조로 설계해야 하는가?
어떤 방법으로 개선할 수 있는가?
어떤 구조로 반복 가능한 결과를 만들 수 있는가?

공학은 실행과 효율의 언어를 가지고 삶의 '시스템'을 다룹니다. 그러나 구조만 있고 의미가 없다면, 인간은 바로 피곤하고 지칠 수 있습니다.

라이프엔지니어링은 이 두 가지를 연결합니다. 라이프엔지니어링은 이 '왜?'와 '어떻게?'를 연결해 "왜 그렇게 작동하며, 어떻게 더 나은 방식으로 살아갈 수 있는가?"를 탐구합니다.

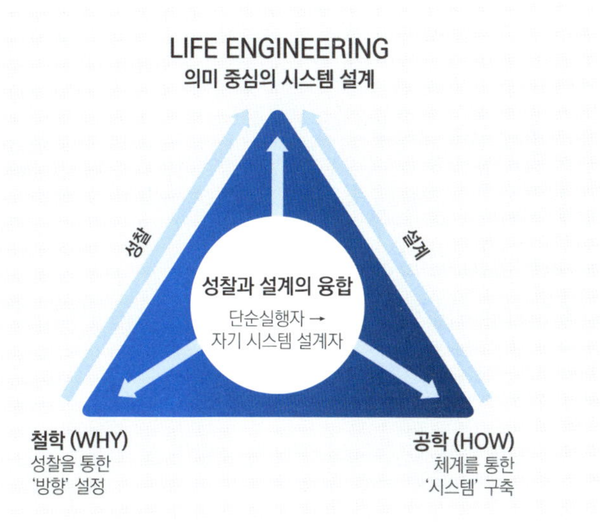

〈그림〉 라이프엔지니어링의 철학적 접근과 공학적 접근의 통합

철학의 성찰이 방향을 세우고, 공학의 체계가 그 방향을 현실로 만드는 구조를 설계합니다. 삶을 돌아보고, 그 안의 패턴을 발견하며, 의식적으로 구조를 설계하는 일. 그것이 바로 라이프엔지니어링이 말하는 "삶의 엔지니어링", 즉 의미 중심의 시스템 설계입니다.

삶을 철학처럼 성찰한다는 것은 단순히 생각이 많아지는 것을 뜻하지 않습니다. 자신의 감정, 선택, 행동의 근원을 돌아보고, 그 속에 숨어 있는 '의미의 구조'를 이해하려는 태도입니다. 또한 삶을 공학적으로 본다는 것은 감정을 배제하거나 인간을 기계로 본다는 뜻이 아닙니다. 오히려 삶을 이루는 수많은 요소들인 몸, 마음, 관계, 습관, 환경이 서로 어떤 구조로 연결되어 있는지를 이해하고, 그 균형을 설계하는 일입니다.

예를 들어 생각해 봅시다.

아이가 공부에 집중하지 못하는 것이 겉으로는 의지 부족처럼 보일지라도, 그 안에는 수면의 질, 감정 조절 능력, 자기의미감, 사회적 지지 같은 여러 가지 요소들이 얽혀 있습니다.한 10대 청소년이 "공부를 잘하고 싶다"고 말할 때, 일반적으로는 공부법이나 시간 관리 방법을 찾겠지만 라이프엔지니어링은 이렇게 묻습니다.

"당신에게 그 목표는 어떤 의미인가?"
"당신은 어떤 사람이 되고자 공부하는가?"
"당신이 방전되는 순간은 언제이며, 다시 소생하는 힘은 무엇인가?"

이 질문을 통해 10대는 '공부'라는 행위를 자기 삶의 시스템 안으로 재배치하게 됩니다. 이것이 바로 철학적 성찰과 공학적 설계가 만나는 지점입니다.

이처럼 의미의 층위와 구조의 층위를 함께 보는 것이 라이프엔지니어링의 핵심입니다. 삶의 문제는 대부분 '의미'와 '구조'가 불일치할 때 발생합니다. 의미는 있는데 실행 구조가 없거나, 구조는 있는데 의미가 없을 때, 삶은 혼란스럽고 피로해집니다. 라이프엔지니어링은 이 두 층위를 맞추어 의미 있는 효율, 균형 잡힌 성장을 가능하게 합니다.

삶의 많은 요소, 이 모든 것이 균형을 이룰 때 비로소 에너지가 선순환하고, 몰입과 성장이 일어납니다. 삶의 문제를 시스템의 관점에서 바라본다는 것은 노력만으로 해결되지 않는 삶의 문제를, 구조와 설계의 관점에서 다루는 것입니다. 즉, '더 열심히'가 아니라 '더 깊게 이해하고 설계하기'가 핵심입니다.

라이프엔지니어링의 사고는 단순한 '의식의 전환'이 아닙니다. 그것은 삶의 설계 구조 전체를 재조정하는 패러다임의 전환입니다. 삶을 구성하는 모든 요소인 시간, 감정, 습관, 관계, 건강, 목표가 서로 연결되어 있다는 전제에서 출발합니다.

이 연결 구조를 인식하면, 인간은 단순히 '노력하는 존재'가 아니라 '설계하고 조정하는 존재'로 바뀝니다. 라이프엔지니어링은 노력보다 설계, 의지보다 구조, 완벽보다 순환을 중시합니다. 그 이유는 단순합니다. 인간은 감정과 환경의 영향을 받는 유기체이기 때문입니다. 좋은 의지도 나쁜 구조 속에서는 금세 소모되고, 탄탄한 구조는 작은 의지라도 성장으로 이끕니다.

철학적 깊이는 우리를 멈춰 서게 하고, 공학적 체계는 다시 앞으로 나아가게 합니다. 이 두 가지가 만날 때 비로소 인간은 의미 있게 효율적인 삶, 즉 방향과 에너지가 조화를 이루는 삶을 살 수 있습니다. 삶을 공학적으로 다루는 태도는 인간의 존엄을 해치는 것이 아니라 오히려 회복시킵니다. 왜냐하면 그 중심에는 늘 '의미'가 있기 때문입니다. 라이프엔지니어링은 효율이 아닌 의미, 통제보다는 성찰, 정답이 아닌 업그레이드를 목표로 합니다.

삶의 불균형을 바로잡고, 의미와 실행의 간극을 줄이며, 의식과 구조의 일치를 만들어내는 과정을 통해 인간은 더 명료하게 사고하고, 더 단단하게 회복하며, 더 자연스럽게 성장합니다.

>>> 철학, 심리학, 뇌과학, 경영학, 공학의 만남

라이프엔지니어링은 하나의 학문이라기보다 여러 지식의 흐름이 만나서 만들어진 융합적 사고방식이며 복합적 삶의 설계학입니다. 그것은 인간의 존재를 철학적으로 이해하고, 심리학적으로 해석하며, 뇌과학적 근거를 가지고, 경영학적으로 실행하며, 공학적으로 구조화합니다. 인간의 삶을 이해하기 위해 철학, 심리학, 뇌과학, 경영학, 공학의 원리를 융합하는 것입니다.

이 다섯 가지 시각은 서로 분리되어 있지 않고, 하나의 인간 안에서 모두 동시에 작동하고 있습니다.

① 철학-"어떤 삶이 좋은 삶인가?"

철학은 라이프엔지니어링의 뿌리입니다. 철학은 인간에게 끊임없이 묻습니다. "무엇이 좋은 삶인가?" "나는 왜 사는가?" 아리스토텔레스는 『니코마코스 윤리학』에서, 인간의 행복을 단순한 쾌락이 아니라 '탁월성의 실현'으로 정의했습니다.[3] 즉, 인간은 자신 안에 있는 잠재력을 '현실 속에서 의미 있게 발휘할 때' 가장 행복하다는 것입니다.

라이프엔지니어링은 이 사유를 그대로 계승합니다. 삶은 단순히 '살아지는 것'이 아니라, '의미 있게 설계되는 것'입니다. 따라서 "좋은 삶"이란 결과가 아니라 과정의 구조입니다.

② 심리학 – "인간은 왜 변화하는가?"

심리학은 인간의 행동을 변화시키는 과학적 기반을 제공합니다. 라이프엔지니어링은 인간의 내면 에너지를 심리학적으로 이해합니다. 데시와 라이언Edward Deci & Richard Ryan의 자기결정이론에 따르면, 인간은 자율성, 유능감, 관계성이라는 세 욕구가 충족될 때 내적 동기가 높아집니다.[4] 이 세 가지는 라이프엔지니어링의 핵심 구조와 정확히 맞물립니다. 자율성은 삶의 방향을 스스로 세우는 힘, 유능감은 성장과 실행의 에너지, 관계성은 사회적 연결과 지속 가능성을 상징합니다. 라이프엔지니어링은 이 세 요소를 하나의 에너지 시스템으로 봅니다. 그래서 진짜 변화는 '노력의 양'이 아니라 '에너지의 질'에서 온다고 말합니다.

③ 뇌과학- "자아는 어떻게 만들어지고 변화하는가?"

뇌과학은 인간의 '정체성'이 고정된 것이 아니라, 끊임없이 업그레이드되는 뇌의 이야기 구조임을 보여줍니다. 그레고리 번스Gregory Berns는 『The Self Delusion』에서 "정체성은 뇌가 지속적으로 업그레이드하는 내러티브 시스템"이라고 말합니다.[5] 즉, 인간의 '나'는 고정된 실체가 아니라, 매 순간 다시 쓰이고 재구성되는 이야기입니다. 이 관점은 라이프엔지니어링의 '자기 재설계' 개념의 핵심이 됩니다. 자신을 바꾸는 일은 단절이 아니라, 업그레이드입니다. 기존의 '나'를 버리는 것이 아니라, 그 위에 새로운 의미와 행동을 쌓아가는 순환적 진화 과정입니다.

④ 경영학 – "삶은 관리 가능한 프로젝트다."

경영학은 삶을 하나의 프로젝트로 봅니다. 기업이 목표를 세우고, 실행하고, 피드백을 통해 개선하듯이, 개인의 삶도 방향을 설정하고 실행 루프를 통해 업그레이드할 수 있습니다. 경영학은 라이프엔지니어링의 실행 도구를 제공합니다. 기업이 전략을 세우고 PDCAPlan-Do-Check-Act 루프를 통해 지속적으로 개선하듯,[6] 인간의 삶도 방향·진단 – 설계·루틴 – 실행·적용 –피드백·점검 – 재설계·조정Direction/Diagnose– Design/Routine –Action/Application–Feedback/Check–Redesign/Adjustment의 구조로 운영됩니다. 라이프엔지니어링은 이 경영 루프를 인간의 성장 루프로 전환합니다. 삶은 더 이상 '운명'이 아니라, 스스로 설계하고 관리할 수 있는 프로젝트입니다.

⑤ 공학 – "삶은 작동 가능한 시스템이다."

공학은 삶의 복잡한 시스템을 다루는 사고방식을 제공합니다. 공학은 라이프엔지니어링의 구조적 사고를 완성합니다. 시스템 설계, 피드백 제어, 적응형 학습은 모두 인간의 변화 과정과 유사합니다. 삶은 언제나 입력, 과정, 출력의 순환 구조로 이루어져 있습니다. 우리가 받은 경험이 사고와 감정을 거쳐 행동으로 나타나고, 그 결과가 다시 새로운 경험으로 돌아와 다음 루프를 만듭니다. 이 순환이 곧 인간의 성장 메커니즘입니다. 라이프엔지니어링은 이 순환을 의식적으로 설계하고, 에너지가 막히지 않도록 구조를 조정하는 기술입니다.

이처럼 철학이 방향을 세우고, 심리학이 동기를 이해하며, 뇌과학이 변화의 근거를 제시하고, 경영학이 실행의 구조를 설계하고, 공학이 이를 시스템으로 통합할 때, 라이프엔지니어링은 비로소 완전한 "삶의 기술"로 작동합니다. 그것은 단지 '생각'이 아니라 '설계된 삶'을 가능하게 하는 인간 중심의 학문입니다. 라이프엔지니어링은 기술이 인간을 닮아가는 시대에, 인간이 스스로의 삶을 기술처럼 다루는 법을 배우는 것입니다.

라이프엔지니어링은 완벽한 인생을 만드는 기술이 아닙니다.
대신, 흔들릴 수는 있어도 멈추지 않는 삶을 살아가는 법을 실천하도록 합니다. 그것은 목표보다 과정을 중시하고, 성과보다 의미를 추구하며, 실패조차 성장의 재료로 바꾸는 기술입니다. 결국 라이프엔지니어링은, AI 시대의 불확실성과 100세 시대의 장기성, 그리고 각자도생의 경쟁 속에서도 "나를 잃지 않고 나답게 살아가는 힘"을 만들어 주는 삶의 설계학입니다.

>>> 라이프엔지니어링의 차별성: 삶을 업그레이드하는 구조

라이프엔지니어링은 얼핏 보면 라이프 디자인이나 라이프 코칭과 비슷해 보이지만, 그 본질은 다릅니다. 라이프 디자인이 삶의 의미와 이야기를 만드는 접근이며[7] 창의적 탐색과 문제 재정의를 중시하고, 라이프 코칭이 대화와 동기를 강조한다면, 라이프엔지니어링은 삶의 의미와 그 이야기를 현실에서 작동하는 삶의 구조 자체를 설계하고 지속적으로 개선하는 시스템적 접근을 취합니다.

라이프엔지니어링은 인간의 삶을 일련의 행동 목록이 아니라, 서로 연결된 작동 시스템으로 봅니다. 하나의 목표는 그 자체로 독립된 사건이 아니라, 감정·환경·습관·관계·시간의 구조가 맞물려 작동하는 부분입니다. 따라서 지속 가능한 성장은 이 전체 시스템을 어떻게 설계하고 조율하여 작동하느냐에 달려 있습니다. 이러한 접근은 '목표 달성' 중심의 자기 계발과는 다릅니다. 라이프엔지니어링은 목표 자체보다 그 목표를 지속적으로 만들어내는 구조를 다룹니다. 이 구조는 다음의 세 가지로 설명할 수 있는데, 이 세 축이 연결될 때, 삶은 정체되지 않고 갱신 가능한 시스템으로 작동합니다.[8]

㉠ 의미(Why) – 내가 왜 이것을 하는가
㉡ 실행(How) – 나는 어떤 방식으로 작동하는가
㉢ 피드백(Feedback) – 나는 결과를 어떻게 반영하고 개선하는가

라이프 디자인이 '왜, 무엇을 할 것인가'에 초점을 맞추고, 라이프 코칭이 '어떻게 동기를 유지할 것인가'에 초점을 둔다면, 라이프엔지니어링은 라이프 디자인에 더해 '삶이 작동하는 전체 구조Why+How+Feedback'에 집중합니다.[9] 즉, 라이프엔지니어링은 목표 달성의 기술이 아니라 삶을 지속적으로 업그레이드하는 운영체계입니다. 이 접근의 핵심은 순환하는 루프입니다.

루프가 반복될수록, 삶은 정체되지 않고 점점 더 나은 방향으로 진화합니다. 이것이 라이프엔지니어링에서 말하는 '업그레이드가 가능한 삶의 구조'입니다. 좋은 삶은 운에 따른 결과가 아니라, 지속적으로 설계되고 관리되고 업그레이드되는 기술적 산물입니다.

라이프엔지니어링은 고정된 진로 혹은 완성된 인생 계획을 지향하지 않습니다. 그 대신 방향·진단–설계·루틴–실행·적용–피드백·점검–재설계·조정으로 이어지는 루프 구조를 통해 삶을 지속적으로 갱신합니다. 이 루프는 단지 행동 절차가 아니라, 삶을 살아내는 동시에 만들어가는 구조적 과정입니다.

방향·진단은 자기설계 인식을

설계·루틴은 목표와 전략 및 작동 가능한 루틴으로 구조화를

실행·적용은 실제 행동으로의 전환과 작은 실험으로 데이터 축적을

피드백·점검은 데이터로 검토하고 성찰을

재설계·조정은 새로운 가능성의 탐색을 의미합니다

이 다섯 단계는 직선이 아니라 순환의 형태로 이루어지며,

삶은 이 순환을 반복할 때 성장합니다.

라이프엔지니어링의 핵심은 인간의 삶을 지속적으로 업그레이드 가능한 시스템으로 본다는 데 있습니다. 이는 한 번 완성되는 계획이 아니라, 반복되는 설계의 과정입니다. 라이프엔지니어링은 실행에서 생기는 데이터를 관찰하고, 그 피드백을 통해 다시 시스템을 조정합니다.[10] 이 반복의 주기가 짧을수록, 개인의 학습 속도와 자기 이해는 깊어집니다. 그리고 라이프엔지니어링은 철학이 제공한 '좋은 삶의 방향', 심리학이 규명한 '인간의 변화 메커니즘', 공학이 발전시킨 '시스템 개선의 기술'을 하나로 결합합니다. 철학이 방향why을 제시한다면, 심리학은 내면의 작동 원리how를 설명하고, 공학은 그 구조를 현실에서 구현하는 기술을 제공합니다. 이 통합적 접근은 삶을 단순히 감정적 경험이 아니라, 의미와 구조가 연결된 시스템적 경험으로 확장시킵니다. 결국 이것은 인간이 스스로의 삶을 이해하고, 설계하고, 지속적으로 개선할 수 있는 '삶의 운영체계'를 만드는 새로운 패러다임이라 할 수 있습니다.

라이프엔지니어링이 제안하는 인간상은 '결과를 쫓는 존재'가 아니라, 변화를 설계하며 진화하는 존재입니다. 좋은 삶이란 고정된 목표에 도달하는 것이 아니라, 지속적으로 자신을 설계하고 개선하는 과정 그 자체에 있습니다.

라이프엔지니어링은 삶을 계획의 대상이 아닌, 설계·실행·조정이 반복되는 하나의 시스템(System)으로 다룹니다.

계획이 예측을 전제로 한 직선이라면, 설계는 피드백을 통해 끊임없이 갱신되는 순환 구조입니다.

라이프엔지니어링은 철학의 질문과 공학의 구조를 연결한 융합적 사고방식입니다. 다섯 가지 학문적 토대가 만나 복합적인 삶의 설계학을 완성합니다.

- **철학**: 삶의 본질적 방향(Why) 제시
- **심리학**: 변화와 동기부여의 메커니즘 설명
- **뇌과학**: 정체성과 행동의 재구성 가능성 입증
- **경영학**: 삶을 다루는 실행 구조로 적용
- **공학**: 이 모든 요소를 하나의 시스템으로 통합

이 통합적 접근을 통해 삶은 의미와 구조가 연결된 시스템적 경험이 되고, 피드백과 재설계를 통해 진화합니다.

라이프엔지니어링은 삶을 기계처럼 만들자는 것이 아닙니다.
삶을 지속 가능한 구조로 이해하자는 것입니다.

**계획이 아니라 운용, 선택이 아니라 순환,
목표가 아니라 시스템**

이제 우리는 삶을 '버티는 존재'가 아니라
'설계하는 존재'로 전환해야 합니다.

제 5 장

라이프엔지니어링의 원리와 구조
5·3·5·6

라이프엔지니어링은 좋은 삶을 지속적으로 추구하기 위해, 인생을 하나의 시스템처럼 설계하고, 의미를 중심으로 에너지를 운용하며, 변화에 맞춰 스스로를 재설계하는 기술입니다. 즉 라이프엔지니어링은 작동 법칙(5대 원리)을 바탕으로, 균형 구조(3대 핵심 축) 위에서, 실행 엔진(5단계 생애 루프)을 돌려, 삶의 장(6대 영역)을 통합적으로 설계하고 운용하며 갱신하는 자기 진화형 삶의 시스템Self-Evolving Life System입니다. 한마디로, 왜(원리)·어떻게 나아갈 것인지(축)·무엇을 반복할 것인지(루프)·어디에 적용할 것인지(영역)를 하나로 묶는 생활 기술입니다. 이 기술이 실제 삶에서 자연스럽게 작동하려면, 네 가지가 제자리에 놓여야 합니다.

- **5대 원리**: 삶이 어떻게 움직이고 성장하는지를 설명하는 작동 법칙
- **3가지 핵심 축**: 삶의 균형을 유지하는 구조적 좌표
- **5단계 생애 루프**: 설계를 행동과 학습으로 연결하는 실행 엔진
- **6대 영역**: 원리·축·루프가 적용되는 실제 삶의 장(field)

이 네 가지가 맞물릴 때, 우리는 '알고는 있지만 하지 못하는 사람'에서 벗어나 작게라도 매일 움직이며 스스로를 업그레이드하는 사람이 됩니다.

이제 각각을 차례로 살펴보겠습니다.

>>> 5대 원리: "삶이 왜, 어떻게 움직이는가?"의 작동 법칙

라이프엔지니어링의 5대 원리는 삶이 어떻게 변화하고 성장하는지를 설명하는 철학적이면서도 공학적인 설명서입니다. 이는 라이프엔지니어링의 기초 물리학과도 같습니다. 물체가 중력의 법칙을 따르듯, 삶의 변화 역시 일정한 법칙을 따릅니다. 원리를 모르면 우연과 의지에만 의존하게 됩니다. 그러나 원리를 알면, 작은 지렛대로도 큰 변화를 만들 수 있습니다. 부모와 교사에게는 아이의 삶을 이해하고 돕는 관점이 되고, 아이에게는 스스로를 움직이는 작동 설명서가 됩니다. 라이프엔지니어링의 5대 기본 원리는 삶을 설계하고, 운용하고, 진화시키는 순서로 배열됩니다.

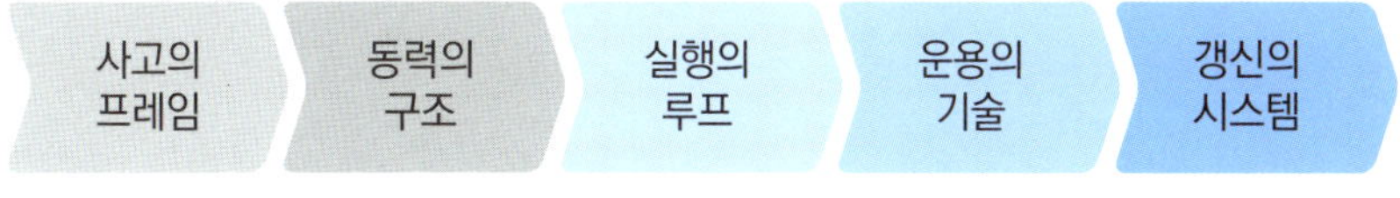

이 원리는 이후에 설명할 3대 핵심 축을 세우고, 5단계 루프를 돌리는 데 공통 연료처럼 작동합니다.

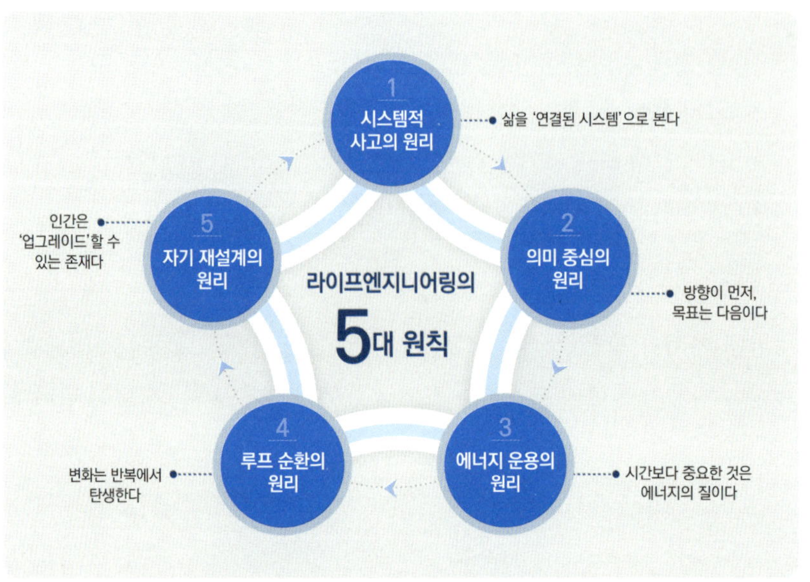

〈그림〉 라이프엔지니어링의 5대 기본 원리

① 시스템적 사고(Systemic Thinking)의 원리
– 삶을 '연결된 시스템'으로 본다.

 전체를 보아야 길이 보입니다. 우리는 흔히 문제의 원인을 '한 부분'에서 찾기 마련입니다.예를 들어, 자녀의 성적이 떨어지면 공부 방법을 바꾸려 하고, 의욕이 없으면 동기 부여 영상을 찾으며, 집중이 되지 않으면 새로운 앱이나 도구를 도입하려 합니다. 그러나 우리의 삶은 서로 분리된 조각들의 집합이 아니라, 복잡하게 연결된 하나의 시스템입니다. 수면의 질, 감정 상태, 대인 관계, 삶의 의미, 그리고 사소한 습관 하나하나가 서로 영향을 주고받고 있습니다. 이 중 작은 부분의 막힘은 전체 흐름을 연쇄적으로 방해하는 결과를 낳습니다.

 이때 필요한 것이 바로 시스템적 사고입니다. 시스템적 사고란 단순히 눈앞에 드러난 '증상'만을 보는 것이 아니라, 그 증상을 만들어내는 근본적인

'구조'를 파악하는 접근 방식입니다. 즉, "무엇이 잘못되었는가?"를 묻기보다, "무엇이 어떻게 연결되어 있는가?"에 집중하는 태도입니다.

가령 학교에 자꾸 '지각'하는 문제가 반복되는 10대가 있다고 가정해 보겠습니다. 그를 훈계하기에 앞서, 우리는 이 지각이라는 증상을 유발하는 여러 연결고리를 함께 살펴볼 필요가 있습니다. 아침 루틴은 어떠한지, 취침 시각은 적절했는지, 전날의 정서 상태는 어땠는지, 친구 관계나 학교생활에서의 긴장감은 없는지 등 전반적인 시스템을 종합적으로 고려해야 합니다. 이처럼 문제의 구조를 제대로 이해한다면, 때로는 아주 작은 변화, 즉 '작은 지렛대'[11] 하나로도 큰 해결책을 찾을 수 있습니다.

다시 말해 '지각'은 단순히 알람 문제이거나 늦잠의 결과일 수도 있습니다. 그러나 조금 더 깊이 들여다보면, 전날 늦은 시간까지 이어진 공부, 불안한 감정, 끊임없는 휴대폰 알림, 전반적인 수면의 질 저하 등 복합적인 요인들이 얽혀 있음을 발견하게 됩니다. 시스템적 사고는 이러한 증상(지각)을 꾸짖거나 나무라기보다, 그 증상을 만들어내는 구조(전날의 루틴과 환경)를 조정함으로써 근본적인 해결로 나아가도록 돕는 사고 방식입니다.

② 의미 중심의 원리(Meaning-Driven Design)
– 방향이 먼저, 목표는 다음이다.

"무엇을 할까?"보다 "왜 하는가?"가 먼저입니다. 의미는 방향의 나침반이자 에너지의 근원입니다. '좋은 대학', '높은 성적'과 같은 외적 목표만으로는 긴 여정을 끝까지 지탱하기 어렵습니다. 반면, "나는 어떤 의미(가치)를 소중하게 여기는가?", "나는 사람들에게 어떤 도움이 되고 싶은가?"와 같은 문장이 있을 때, 목표는 흔들려도 방향은 남습니다. 의미 중심의 원리는 목표와 루틴을 우리 삶의 가치와 비전에 정렬시킵니다.[12] 다시 말해, 무엇을 할 것인지를 정하기에 앞서, 왜 그것을 하는지를 먼저 분명히 하는 접근입니다.

예를 들어, '성적 향상'을 목표로 설정한 사람에게 공부는 단순히 '해야 할 일'입니다. 그러나 "나는 배운 것을 다른 사람들과 나누고 싶다"는 의미를 가진 사람에게 공부는 내가 원하는 삶을 만들기 위한 과정, 즉 '하고 싶은 일'이 됩니다. 이처럼 의미가 분명해지면, 그 의미를 실현하기 위해 필요한 학습, 성적 향상, 발표 연습, 설명 방식 고민 등 다양한 목표와 루틴이 자연스럽게 정렬됩니다. 의미는 흔들리는 상황 속에서도 삶의 방향을 굳건히 지켜 줍니다.

이 책에서 말하는 '의미'는 나만을 위한 욕망이나 타인을 해치는 목적을 포함하지 않습니다. 의미는 나와 타인, 그리고 공동체의 삶을 해치지 않는 범위 안에서 설정될 때 비로소 건강한 방향성이 됩니다. 즉 개인의 의미라 하더라도, 기본적인 사회적·윤리적 기준을 벗어나지 않는다는 전제를 가집니다.

③ 에너지 운용의 원리(Energy Management)
– 시간보다 중요한 것은 에너지의 질이다

언제 하느냐보다, 어떤 상태로 하느냐가 중요합니다. 우리는 모두 하루 24시간을 똑같이 사용합니다. 그러나 그 시간을 움직이는 에너지의 질과 흐름은 사람마다 다릅니다. 같은 시간을 가지고도 어떤 사람은 꾸준히 실행하고, 어떤 사람은 쉽게 지치게 됩니다. 그 차이는 시간 관리가 아니라 에너지 운용 방식에서 비롯됩니다. 에너지는 크게 세 가지 축으로 구성됩니다. 신체 에너지(수면, 영양, 움직임), 정서 에너지(안정, 흥미, 회복),인지 에너지(집중, 난이도 조절, 몰입)입니다. 이 세 가지 에너지가 균형 있게 순환할 때, 실행력은 일시적인 폭발이 아니라 지속 가능한 힘이 됩니다. 따라서 "언제 무엇을 하느냐?" 못지않게, "어떤 리듬으로 하느냐?"가 중요합니다. 에너지 운용의 핵심은 무리한 폭주가 아니라, 회복을 포함한 리듬 설계입니다. 짧은 산책, 가벼운 스트레칭, 90분 집중 후 10분 정리와 같은 작은 회복 루프는 겉보기에는 사소해 보일 수 있습니다. 그러나 이러한 작은 회복이 쌓일 때, 우리는 장거리 레이스를 가능하게 합니다.[13]

같은 1시간이라도 그 질은 크게 다릅니다. '밤잠을 설치고 컴컴한 방 안에서 눈물을 흘린뒤'의 1시간과, '충분한 수면 후 태양광을 쬐고 가볍게 몸을 움직인 뒤'의 1시간은 전혀 다른 결과를 만듭니다. 신체·정서·인지 에너지가 하나의 리듬을 이룰 때, 우리는 억지로 자신을 몰아붙이지 않아도 지속적인 실행을 이어갈 수 있습니다.

④ 루프 순환의 원리(Life Loop)
– 변화는 반복에서 탄생한다

좋은 계획보다 중요한 것은, 돌아가는 루프입니다. 좋은 계획은 출발선일 뿐입니다. 실질적인 성장은 루프(반복 구조) 안에서 일어납니다. 방향·진단 → 설계·루틴 → 실행·적용 → 피드백·점검 → 재설계·조정의 5단계가 짧고 가볍게 반복될수록, 이루고자 하는 변화가 일시적인 결심이 아니라 내재화된 성장으로 이어집니다.

따라서 완벽한 계획을 기다리기보다, 작은 실험을 먼저 설계하고 운용하며 그 과정에서 배우는 태도가 중요합니다. 시작하지 못하는 완벽함보다, 움직이는 미완성이 더 큰 변화를 만듭니다. 예를 들어 학교 과제를 할 때도 "한 번에 완성해야 한다"고 생각하면 부담이 커집니다. 반면, 초안 작성 → 점검 → 수정이라는 루프로 접근하면 부담은 줄고, 결과물의 품질은 오히려 높아집니다. 이 원리는 특정 분야에만 해당되지 않습니다. 경영에서의 P-D-C-A 사이클, 학습에서의 반복 테스트, 스포츠에서의 드릴 훈련이 모두 같은 원리입니다.[14]

루프에 대해서는 원리와 핵심 축을 살펴본 뒤, 뒤에서 더 자세히 다룰 것입니다.

⑤ 자기 재설계의 원리(Adaptive Self-Engineering)
– 인간은 '업그레이드'할 수 있는 존재다

'나는 누구인가?'라는 질문에 대한 우리의 정체성은 고정된 '실체'나 '라벨'이 아닙니다. 그것은 끊임없이 업그레이드되며 써 내려가는 이야기입니다.[15] 환경이 바뀌면, 나를 이루고 있는 구조 역시 조금씩 조정되어야 합니다. 이때 핵심은 '자기 부정'으로 접근하는 것이 아니라, '자기 갱신'의 관점을 갖는 것입니다. 예를 들어 "나는 원래 게을러"라는 낙인은 나를 그 자리에 고정시킵니다. 그러나 "나는 아침식사 후에 더 잘 움직이는 사람입니다"라는 설계 문장으로 바꾸면 변화의 여지가 생깁니다. 같은 맥락에서 "나는 원래 미루는 사람이야" 대신, "나는 작게 시작하면 속도가 붙는 사람입니다"라고 말하면 행동이 달라집니다.

이 원리는 작은 수정이 큰 변화를 만든다는 사실을 보여 줍니다. 공부 시간대를 오전으로 옮기기, 휴대폰 보관 위치를 바꾸기, 과제의 시작 난이도를 조금 낮추는 것만으로도 삶의 시스템은 새로운 습관을 받아들입니다. 인간은 결심으로만 바뀌는 존재가 아닙니다. 인간은 환경과 구조를 새로 설계함으로써 변화하고 업그레이드되는 존재입니다.

라이프엔지니어링의 다섯 가지 원리를 요약하면 다음과 같습니다.

- 의미가 방향을 세우기 **(② 의미 중심의 원리)**
- 에너지가 그 방향으로 나아가는 힘을 만들기 **(③ 에너지 운용의 원리)**
- 루프가 학습과 성장을 이어 주기 **(④ 루프 순환의 원리)**
- 자기 재설계가 이 모든 과정을 업그레이드 하기 **(⑤ 자기 재설계의 원리)**

그리고 이 모든 것은 전체를 하나의 연결된 구조로 보는 태도, 즉

- **(시스템적 사고(①)** 위에서 조화를 이루며 작동한다는 것입니다.

삶은 한 축으로 서지 않습니다. 라이프엔지니어링의 3대 핵심 축은 삶의 균형을 유지하고, 무너지지 않도록 지탱하는 기본 틀입니다. 바다를 건너기 위해 필요한 것은 좋은 선박 하나만이 아닙니다. 건너야 하는 이유(방향), 항해할 수 있는 기술과 연료(에너지), 그리고 위치를 확인하며 계속 항해하는 과정(순환과 업그레이드)이 함께 필요합니다. 인간의 삶도 마찬가지입니다. 방향은 왜 살아가는지를 정렬하고, 에너지는 그 방향으로 나아갈 힘을 축적하며, 순환은 살아가는 과정 속에서 끊임없이 자신을 점검하고 경로를 조정합니다. 세 축이 균형을 이룰 때, 사람은 어떤 변화의 파도 속에서도 중심을 잃지 않습니다.

이 축은 앞서 살펴본 5대 원리를 '생각'에서 '실행'으로 옮기게 만드는 기반입니다. 라이프엔지니어링의 원리, 생애 루프, 그리고 6대 영역은 모두 이 축 위에서 움직입니다. 다시 말해, 3대 핵심 축은 눈에 보이지 않지만 삶을 작동시키는 내부 엔진입니다. 세 축 가운데 하나라도 약해지면 삶 전체의 균형은 흔들립니다.

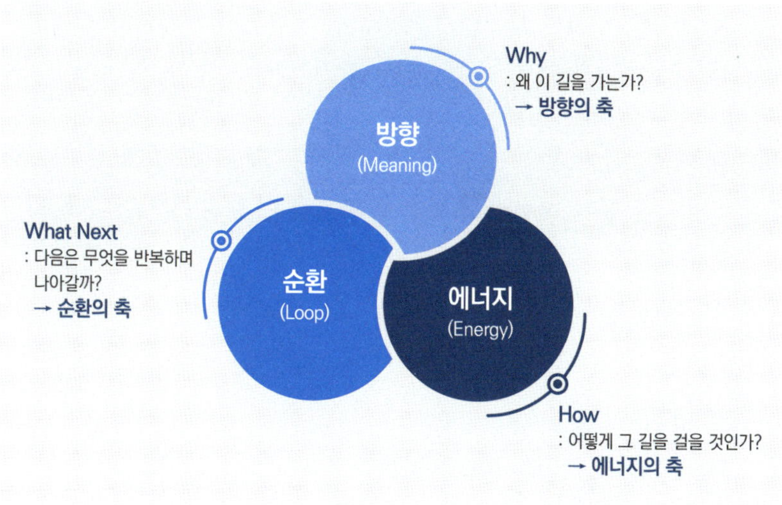

〈그림〉 삶의 균형을 잡는 내부 엔진 : 3대 핵심 축

삶을 움직이는 세 가지 축은 우리에게 다음과 같은 질문을 던집니다.
왜Why, 어떻게How, 그리고 그다음은 무엇인가What Next.

① 방향의 축(Axis of Meaning & Purpose)
- "Why: 왜 이 길을 가는가?"

방향의 축은 인생의 나침반입니다. 비전(멀리 보는 이유), 가치(매일의 선택 기준), 목표(가까운 이정표)를 한 선으로 정렬해 줍니다. 이 세 가지가 정렬되면 고민은 줄고, 결정은 빨라집니다. 예를 들어 아이가 수학을 공부하는 이유가 성적을 위해서(결과)에서 논리로 세상을 이해하고 문제를 푸는 기쁨(의미)으로 바뀌면, 점수가 흔들리더라도 공부를 이어가려는 태도는 유지됩니다. 방향의 축이 견고할수록 의사결정은 빨라지고, 후회는 줄어듭니다.

뇌과학적으로도 '왜 하는가?'를 인식하는 순간 전전두엽prefrontal cortex이 활성화됩니다. 전전두엽은 목표 설정, 자기통제, 계획 수립을 담당하는 뇌의 집행 기능executive function을 강화하여 집중력과 자기조절력, 의사결정력도 향상됩니다.[16] 즉, 명확한 목적의식은 단순한 마음가짐이 아니라 실행력을 안정시키는 뇌의 시스템이며 실제적인 힘입니다.

방향의 축은 "꿈이 무엇이냐?"가 아니라, "왜 그 꿈인가?"를 묻는 대화입니다. 이 질문을 통해 사람은 스스로 이유를 가진 존재가 됩니다. 아이가 목표를 잃었을 때, "왜 시작했는지"를 함께 되짚어주는 부모와 교사의 말 한마디는 등대가 되어 삶의 방향성과 지속력을 동시에 만들어 줍니다.

② 에너지의 축(Axis of Energy & Vitality)
- "How: 어떻게 그 길을 걸을 것인가?"

의미가 인생의 방향이라면, 에너지는 그 방향으로 나아갈 수 있게 해 주는 동력입니다. 많은 사람이 목표를 세우고도 중간에 멈추는 이유는 의지가 약해서가 아니라, 에너지 관리에 실패했기 때문입니다. 심리학자 짐 로어와 토니 슈워츠_{Loehr, J. & Schwartz, T.}는 "성공은 시간 관리가 아니라 에너지 관리의 문제"라고 말합니다.[17]

에너지는 단순한 체력만을 의미하지 않습니다.

> ① 신체적 에너지(수면·운동·영양)
> ② 정서적 에너지(기분·흥미·회복)
> ③ 인지적 에너지(집중·난이도 조절·몰입)
> ④ 가치 에너지(의미감·자부심)

이 네 가지가 균형을 이룰 때, 사람은 몰입과 회복을 동시에 경험합니다.[18]

뇌의 감정 중추인 편도체_{Amygdala}와, 집중·판단·자기조절을 담당하는 전전두엽은 서로 균형을 이루며 작동합니다. 편도체가 과도하게 활성화되면 뇌는 위험 신호에 집중하느라 사고와 판단 기능이 제한되고, 불안·짜증·회피 반응이 커지며 학습 능력도 떨어집니다. 반대로 전전두엽이 충분히 활성화되면 감정의 파도를 조절하며 집중과 계획 능력이 회복됩니다.[19] 이처럼 감정의 안정(편도체의 진정)이 집중력(전전두엽의 활성)을 유지하기 때문에 휴식, 수면, 운동, 안정된 관계 경험을 통해 에너지의 균형을 회복하는 설계가 필요합니다. 결국 에너지는 감정–집중–회복이 서로 조율되는 생리적 시스템입니다.

에너지는 "열심히 쓰는 것"이 아니라, 균형 있게 관리하는 것입니다.
부모나 교사가 아이에게 "더 열심히 해"라고 말하기보다, "조금 더 효율적으로 해보자"라고 말할 때 아이의 뇌는 피로보다 안정과 몰입을 경험합니다. 부모나 교사가 아이의 감정과 체력, 집중력의 리듬을 함께 조율해 주는 것은 그에게 큰 힘이 될 것입니다. 예를 들어 시험 전 일주일 동안 수면 시간을 일정하게 유지하고, 아침 햇빛을 쬐고, 가벼운 운동을 하고, 쉬운 문제에서 어려운 문제로 난이도를 조정하는 것만으로도 같은 시간 대비 훨씬 높은 집중력을 만들어낼 수 있습니다.

첫 번째 의미의 축이 방향을 세운다면, 에너지의 축은 그 길을 걸어갈 지속력을 만들어 줍니다.

③ 순환의 축(Axis of Loop & Adaptation)
– "What Next: 다음은 무엇을 반복하며 나아갈까?"

순환의 축은 라이프엔지니어링의 핵심 엔진입니다. '방향·진단 → 설계·루틴 → 실행·적용 → 피드백·점검 → 재설계·조정'의 과정이 끊임없이 순환하는 속에서, 삶의 모든 성장이 이루어집니다.[20] 한 번의 시도에서 완벽함을 추구하기보다, 공학의 피드백 시스템처럼 작은 실행과 점검을 계속 반복하며 정교해지는 순환 구조가 인간을 지속적으로 성장하게 합니다. 심리학자 캐럴 드웩Carol Dweck은 '성장 마인드셋Growth Mindset' 개념을 통해, "능력은 고정된 것이 아니라 배움 속에서 성장한다"고 말합니다. 또한 "실패를 분석하고, 배움의 데이터로 삼는 태도가 성장과 성공을 가져온다"는 점을 강조합니다.[21] 즉 심리학에서도 사람의 성장은 완벽한 경험보다 여러 차례의 실험과 순환을 통해 이루어진다고 봅니다.

부모나 교사가 사용하는 언어는 아이의 순환 과정에 직접적인 영향을 미칩니다. 아이가 실패했을 때 "왜 틀렸니?"라고 묻는 대신, "이번에는 어떤 점을 배웠을까?"라고 묻는 순간, 아이의 뇌는 '두려움의 회로'가 아니라 '성장의 회로'를 작동시킵니다. 사람에게 새로운 시도와 피드백이 쌓일 때마다, 신경 가소성Neuroplasticity[22] 과정이 활성화되며 뇌의 시냅스 연결이 강화됩니다. 그 결과 사람은 점점 '스스로 업그레이드하는 학습자'로 성장하게 됩니다.

순환의 축은 피드백에 반응하는 감각, 다시 배우려는 감수성을 키웁니다. 예를 들어 아이가 스스로 '잘된 점, 막힌 점, 다음에 조정할 점'을 간단히 적어 보는 3줄 기록만으로도 학습의 루프는 부드럽게 돌아가기 시작합니다. 완벽함보다 중요한 것은 짧은 반복의 리듬입니다.

이처럼 라이프엔지니어링의 세 가지 핵심 축은 서로를 보완하며 하나의 균형을 이룹니다.방향이 흐릿해지면 에너지가 새어나가고, 에너지가 바닥나면 순환이 멈춥니다. 그러나 순환이 다시 움직이기 시작하면 방향은 또렷해지고, 에너지도 되살아납니다. 세 축이 조화를 이룰 때, 우리는 흔들림 속에서도 자신만의 리듬으로 업그레이드하는 자기 설계형 인간으로 살아가게 됩니다.

>>> 5단계 생애 루프: 설계가 행동이 되고, 행동이 성장이 되는 길

라이프엔지니어링은 인생을 하나의 프로젝트로 봅니다. 방향을 세우고, 진단하고, 설계하고, 실행하고, 피드백하며 다시 조정하는 다섯 단계의 순환 구조 속에서 삶은 계속 다듬어집니다. 우리에게 필요한 것은 '그때그때의 의지'가 아니라, 삶을 스스로 설계하고 운영하는 체계적 사고력입니다. 라이프엔지니어링은 이 사고를 루프라는 구조로 체계화합니다. 이 다섯 단계는 톱니바퀴처럼 맞물려 돌아갑니다. 어느 하나가 멈추면 성장은 끊기지만, 모두가 연결될 때 삶은 지속적으로 업그레이드됩니다. 이것이 바로 생애 루프입니다.

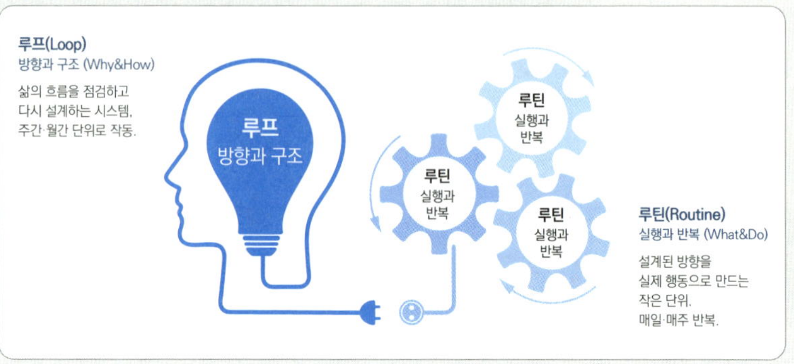

〈그림〉 루프Loop와 루틴Routine

라이프엔지니어링에서 루프Loop와 루틴Routine은 꼭 알아야 할 기본 개념이다. 두 용어 모두 '반복'의 뜻을 포함하지만, 반복의 목적과 크기가 완전히 다르다.

㉠ 루프(Loop)란 무엇인가?

루프는 '삶을 설계하고 조정하는 순환 구조'이다. 공학에서는 루프가 센서값을 읽고→결과를 내고→그 결과를 다시 입력으로 돌려서 시스템을 스스로 조정하는 구조를 말한다. 이는 소프트웨어가 특정 조건이

충족될 때까지 반복 실행되는 제어 구조와 같다. 즉, "루프는 방향을 확인하고 다시 조정하는 삶의 제어시스템"이다. (예: 일주일 학습 점검→문제 찾기→계획 재정비)

루프는 '방향·진단→설계·루틴→실행·적용→피드백·점검→재설계·조정'이라는 고리로 이루어져 있으며, 이 순환이 반복될 때 사람은 시행착오를 통해 성장한다. 마치 게임에서 미션에 실패하고→다시 도전하고→패턴을 분석하면서 실력이 오르는 것과 같은 구조다.

㉡ 루틴(Routine)이란 무엇인가?

루틴은 루프 안에서 반복되는 '작은 실행 단위(습관)'이다. 공학적으로는 하나의

기능을 묶어 놓은 절차Procedure나 서브루틴Subroutine처럼, 필요한 때마다 반복 호출되는 행동 블록이다. 일상에서는 아침기상→세수→책상 정리처럼 '정해진 순서대로 반복되는 행동 패턴'을 의미한다. 즉, "루틴은 루프가 움직이도록 하는 작은 실행 엔진"이다.

ⓒ 루프와 루틴의 관계

두 개념은 완전히 다르지만 서로 맞물려야 삶이 앞으로 나아간다.

- **루프 = 방향과 구조**(Why & How)

  삶의 흐름을 점검하고, 다시 설계하는 시스템, 주간·월간·분기 단위로 작동
- **루틴 = 실행과 반복**(What & Do)

  설계된 방향을 실제 행동으로 만드는 작은 단위, 매일·매주 반복

두 개념의 차이는 다음 한 문장으로 정리된다. "루프는 삶의 구조를 만들고, 루틴은 그 구조를 실제로 움직이게 한다." 루프가 없으면 루틴은 금방 흐트러지고, 루틴이 없으면 루프는 실행되지 않는다. 다음과 같은 예시로 보면 가장 쉽게 이해된다. 아침이 늘 바쁜 10대를 예로 들면,

- **루프**(Loop)
  - 일주일 동안 아침에 힘든 이유를 점검(진단)
  - 해결 방향 잡기
  - 새로운 아침 시스템 설계
- **루틴**(Routine)
  - 밤 10시 가방 준비
  - 옷 세트 미리 빼두기
  - 기상 직후 1분 스트레칭

이처럼 루프가 먼저 설계되고, 루틴은 그 설계의 결과로 만들어진다. 사람에게 일상 변화는 루틴으로, 삶의 방향 변화는 루프로 일어난다. 다시 말해 루틴은 '반복 행동'이고, 루프는 그 행동을 지속·개선하게 만드는 '성장의 순환 시스템'이다.

라이프엔지니어링에서 말하는 루프는 단순한 계획표나 반복 훈련이 아닙니다.

계획-행동-점검-조정이 살아 움직이는 순환 구조, 즉 '살아 있는 시스템으로서의 인생 설계 방식'입니다. 완벽하게 세운 계획을 한 번에 실현하는 방식이 아니라, 작게 시작하고 → 배우고 → 다시 고치면서 정밀도를 높여가는 방식입니다.

엔지니어가 제품을 설계하고 시험하고 개선하듯, 인간 역시 자신을 진단하고, 설계하며, 실행하고, 결과를 점검해 다시 조정합니다. 이 반복이 라이프엔지니어링 실천의 핵심입니다.

루프가 강력한 이유는 다음과 같습니다.[23]

- **업그레이드 가능성** : 고정된 계획과 달리, 언제든 변화에 맞추어 빠르게 조정할 수 있습니다.

- **작은 실험의 누적** : 큰 결심보다 작은 실험-학습-수정이 오래 갑니다.

- **데이터 중심** : 실패를 비난이 아니라, 다음 설계를 위한 데이터로 전환합니다.

- **확장성** : 학습·건강·관계·진로·재정 등 삶의 모든 영역에 동일한 구조로 적용할 수 있습니다.

모든 실패와 성공은 루프 안에서 다음 성장을 위한 데이터가 됩니다.

〈그림〉 라이프엔지니어링의 5단계 생애 루프

① **방향·진단**(Direction·Diagnose)

–"지금 나는 어디에 있고, 어디로 가는가?"

　루프의 첫걸음은 방향을 세우고, 그 방향 위에서 지금의 위치를 진단하는 일입니다. 여기서 말하는 '방향'은 3대 핵심 축 가운데 하나인 방향의 축과 연결되지만, 두 개념의 역할은 다릅니다. 방향의 축이 삶 전체의 의미·가치·목적을 세우는 상위 개념이라면, 루프의 방향·진단은 그 의미를 일상에서 어떻게 움직일지 구체화하는 실천 단계입니다. 즉, 의미의 축이 "나는 무엇을 위해 살아가고 싶은가?"라는 삶의 나침반이라면, 루프의 방향·진단은 "지금 어디에 있고, 다음에는 어디로 움직일 것인가?"를 묻는 실행 가능한 경로 탐색입니다. 의미는 삶의 좌표를 세우고, 루프는 그 좌표계 위에서 '지금-다음'을 선택하도록 돕습니다.

　이 때문에 루프의 첫 단계에서도 "나는 왜 이 일을 하는가?"라는 질문을 자연스럽게 다시 확인합니다. 그러나 그 목적은 철학적 성찰 그 자체가 아니라, 일상의 행동과 선택을 정렬하기 위한 '적용 가능한 의미'를 찾는 것입니다. 철학자 아리스토텔레스는 "모든 인간의 행위는 어떤 선(善)을 향한다"고 말했습니다. 즉, 인간의 행동은 언제나 의미를 향합니다. 방향이 없으면 목표가 많더라도 맥락 없는 실행으로 끝나지만, 방향이 분명할 때는 작은 행동 하나에도 의미가 담깁니다. 예를 들어, 부모가 "나는 아이와 함께 배우고 성장하는 부모가 되고 싶다"라고 방향을 정의한다면, 양육은 통제의 일이 아니라 공동의 성장 과정으로 바뀝니다. 방향은 이렇게 행동의 의미를 재정의하는 힘입니다. 빅터 프랭클Viktor Frankl은 "삶의 이유를 가진 사람은 어떤 고난도 견딜 수 있다"고 말했습니다.[24]

　방향에 따른 진단이란, '무엇이 어떻게 작동하고 있는가?'를 데이터를 통해 인식하는 과정입니다. 많은 사람들이 "나는 소극적이야", "나는 머리가 나빠"와 같은 감정적 결론을 진단이라고 착각합니다. 진단은 데이터로 자신을 이해하는 과정입니다. 심리학에서는 이를 메타인지Meta-cognition라고 하며,[25] 뇌과학적으로는 전전두엽의 자기 관찰[26] 회로가 관여합니다. 이 기능이 발달할수록 자기 통제력과 집중력은 함께 향상됩니다.

예를 들어 먼저, 나를 설명하는 가치 문장 한 줄을 써봅니다.
"무엇을 할 때 내가 가장 살아 있다고 느끼는가?"를 떠올려 문장으로 정리합니다. 예컨대 "나는 새로운 것에 도전할때 가장 살아 있다고 느낍니다." 라고 자신의 가치를 문장화할 수 있습니다.
그다음, 2주 동안 감정·시간·에너지·관계·환경의 변화를 간단히 기록합니다. 즉, 수면 시간의 패턴, 기분의 변동, 집중도, 사람과의 관계 변화 등을 간단히 기록하는 것입니다. 이렇게 쌓인 정보는, 내가 세운 가치가 실제 생활 속에서 얼마나 작동하고 있는지를 보여 줍니다.

생애 루프의 첫 단계인 방향·진단은, 나의 현재 위치·가치·비전을 확인하는 과정입니다. 이 단계에서 감정, 시간, 에너지, 관계, 환경의 데이터를 관찰하며 지금의 나를 객관적으로 진단합니다. 그렇게 수집한 정보 위에서 하나의 방향 축을 세우고, 삶의 다음 선택을 정렬 할 수 있습니다.

② 설계·루틴(Design·Routine)
– "그 방향으로 가기 위한 최소 구조는 무엇인가?"

방향과 진단을 통해 얻은 사실은 문제 목록이 아니라 설계 자료입니다. 루프의 두 번째 단계는 이 자료를 바탕으로 작동 가능한 구조를 만드는 일, 즉 '의미 있는 방향'을 '실행 가능한 형태'로 바꾸는 과정입니다.

라이프엔지니어링에서 말하는 설계는 거창한 계획이 아닙니다. 작고 실천 가능한 루틴으로 구조화하는 일입니다.

공학에서 설계란 '주어진 자원을 목적에 맞게 구조화하는 과정'입니다. 삶에서도 마찬가지입니다. 시간, 공간, 도구, 사람이라는 자원을 의지 대

신 구조로 배치하여, 꾸준함이 '노력의 결과'가 아니라 '시스템의 결과'가
되도록 만듭니다.

　심리학의 의도적 연습은 '명확한 목표 + 즉각적 피드백 + 반복 구조'를
갖춘 학습만이 지속적인 성장을 만든다고 설명합니다.[27] 라이프엔지니어
링의 설계 역시 이 원리를 따릅니다. 루틴은 단순한 '반복의 틀'이 아니라,
삶의 리듬을 복원하는 회로입니다. 하루의 계획이 무너지는 이유는 결심
이 약해서가 아니라, 루틴의 회로가 끊겼기 때문입니다. 따라서 루틴 설계
의 핵심은 '의지를 덜 쓰는 구조'입니다. 즉, 힘들 때도 작동하는 자동 운용
시스템을 만드는 것입니다.

　예를 들어, 아침에 알람을 세 번 맞추는 대신
　"첫 알람은 기상, 두 번째 알람은 책상 앞에 앉기"처럼 단서Trigger를 미리
정해 둡니다. 이 단서가 루틴의 시동 장치가 됩니다.
　습관 심리학에서는 이를 선행 자극Antecedent Cue[28]이라 부르며, 이 자극이 반
복될수록 두뇌의 기저핵Basal Ganglia 회로가 강화되어 행동이 자동화됩니다.

　설계·루틴의 핵심은 크기보다 구조입니다. 복잡하면 작동하지 않습니다.
예를 들어, 과제 25분 → 휴식 10분 → 복습 25분의 '3블록 미니 루프'를 하
루 두 번만 돌려도 충분합니다. 도구는 체크박스, 타이머, 포스트잇처럼 단
순할수록 좋습니다. 설계의 목적은 이상적인 계획을 그리는 것이 아니라,
내일 아침 9시에 손이 움직이게 하는 구조를 만드는 일입니다.
　루틴은 나를 통제하는 틀이 아니라, 하루를 다시 제자리에 돌려놓는 복귀
의 프레임입니다. 결심보다 강한 것은 반복의 구조이고, 의지보다 오래 가
는 것은 잘 설계된 시스템입니다.

　생애 루프의 두 번째 단계인 설계·루틴은, 목표와 전략을 작동 가능한 루
틴으로 구조화하고 시간·장소·도구·사람 등 자원을 배치하는 과정입니다.

이 단계는 "그 방향을 일상에서 어떻게 루틴으로 구현할까?"라는 질문을 통해 지금 당장 실천 가능한 설계를 하게 됩니다.

③ 실행·적용(Action·Application) ― "나는 무엇을 어떻게 시도했는가?"

실행은 머릿속의 계획을 눈앞의 행동으로 바꾸는 힘입니다. 결심은 방향을 세우지만, 행동이 세상을 움직입니다. 그러나 대부분의 사람은 '무엇을 할지'는 알고 있어도, '어떻게 적용할지'는 잘 모릅니다. 그래서 라이프엔지니어링에서는 실행보다 '적용'을 더 중요하게 봅니다.

'실행'이 단발적인 행동이라면, '적용'은 그 행동을 자신의 상황에 맞게 조정하며 자기화하는 과정입니다. 다시 말해, '계획을 해냈다'보다 '계획을 나에게 맞게 적용했다'가 더 의미 있는 성취입니다. 적용의 핵심은 상황 적합성입니다. 예를 들어 '하루 2시간 공부'를 계획했다면, 집중력이 낮은 날에는 "25분×3세트"로 나누어 실행할 수 있습니다. 이는 유연한 실행력이며, 인지과학자 도널드 노먼Donald Norman은 이를 "실행을 설계의 연장선으로 보는 확장적 행동"[29]이라고 설명합니다.

대부분의 사람은 지식의 부족보다 실행의 부족으로 정체됩니다. 실행력은 거창한 행동에서 나오지 않습니다. 작고 단순한 행동의 꾸준한 반복에서 만들어집니다.

이는 심리학에서 말하는 '작은 승리의 법칙'과 연결됩니다. 작은 성공 경험이 도파민 보상 회로를 자극하여 다음 행동의 의지를 강화합니다. 심리학자 테레사 아마빌레Teresa Amabile 역시 "작은 성취 경험이 가장 큰 동기"가 된다고 말합니다.[30] 즉, 완벽한 계획보다 작은 실행을 우선하는 것이 중요합니다. 매일의 작은 실행이 도파민 회로를 활성화해 지속력을 만듭니다.

실행은 완벽의 문제가 아니라 가동의 문제입니다. 시작 저항을 줄이기 위해 '2분 착수 규칙'을 활용할 수 있습니다. 이는 '2분 안에 시작할 수 있는 가장 작은 행동부터 착수하라'는 원칙입니다. 두뇌는 완성해야 할 큰 과제보다, 착수해야 할 작은 행동에 훨씬 덜 부담을 느낍니다. 즉, 뇌의 회피 반응이 일어나기 전에 가동 신호를 주는 것이 핵심입니다. 예를 들어 공부를 해야 한다면 '책을 펼친다', 운동을 시작해야 한다면 '운동화를 꺼낸다', 글을 써야 한다면 '노트에 제목을 쓴다'처럼, 2분 안에 가능한 행동을 먼저 수행합니다. 이렇게 2분 안에 가능한 행동을 먼저 수행하면, 뇌의 도파민 보상 회로가 시작했다는 신호를 받으며 동기 시스템이 작동하기 시작합니다.

이후에는 자기 대화를 단순하게 유지하는 것이 좋습니다. 예를 들어 '지금은 품질이 아니라 진행', '다음 체크포인트 까지만'과 같은 문장을 사용합니다. 작은 착수와 단순한 자기 대화가 반복될 때 쌓이는 것은 완성된 성과가 아니라 경험 데이터입니다. 뇌는 '시작'보다 '중단'에 더 민감합니다. 작은 실행이라도 "지금부터 10분"과 같은 신호만 주면, 도파민 시스템이 활성화되어 동기가 강화됩니다. 반대로 "아직 준비가 안 됐어"라는 말은 편도체의 불안 반응을 자극하여 행동을 멈추게 합니다.

생애 루프의 세 번째 단계인 실행·적용은, 계획을 실제 행동으로 전환하고 작은 실험을 통해 경험 데이터를 축적하는 과정입니다.

실행의 목적은 완벽한 수행이 아니라 학습 가능한 데이터의 수집입니다. '실행 → 적용 → 조정'이 반복될수록 행동은 습관이 되고, 습관은 시스템이 됩니다. 한 번의 실패 역시 루프 안에서는 데이터 업그레이드의 신호가 됩니다.

④ 피드백·점검(Feedback·Check)
 – "무엇이 통하고, 무엇을 바꿀까?"

피드백은 자기 점검의 단계입니다. 점검은 자신을 평가하거나 단정하는 일이 아니라, 학습하는 과정입니다. 무엇이 잘 되었고 무엇이 부족했는지를 감정이 아니라 데이터로 바라보는 태도입니다. "왜 실패했을까?"보다,

"무엇을 배우게 되었나?"를 묻는 순간, 실패는 비난이 아니라 피드백으로 전환되고, 삶은 다시 학습의 루프로 진입합니다.

하버드대학교의 크리스 아지리스Chris Argyris 교수는 더블 루프 학습Double Loop Learning 개념을 통해, "점검은 결과만 보는 것이 아니라, 그 결과를 만든 가정과 사고방식까지 함께 검토하는 과정"이라고 설명합니다.[31] 즉, '왜 틀렸는가?'를 묻기보다, '어떤 판단 구조가 그 결과를 만들었는가?'를 돌아보는 것입니다. 행동을 바꾸는 것보다 먼저, 사고의 틀을 학습하는 것. 이것이 피드백의 진정한 목적입니다.

AI 시대의 점검은 데이터 기반 자기 관리로 작동합니다. 학습 시간, 집중 패턴, 감정 변화, 성취 로그와 같은 작은 데이터들이 자신을 이해하는 거울이 됩니다. 데이터는 감정보다 냉정하고, 그렇기에 더 정확합니다. 이러한 데이터 기반 점검이 쌓일수록 우리는 느낌의 피드백이 아니라 학습 가능한 피드백을 얻게 됩니다. 뇌과학적으로 피드백이 이루어지는 순간, 전전두엽과 전측대상피질이 활성화되어 오류를 감지하고 수정 학습Error Correction을 수행합니다.[32] 예를 들어, "오늘 집중이 안 됐다"라고 말하기보다, "집중 시간: 어제 95분 → 오늘 70분(25분 감소)"라고 기록합니다. 그리고 이렇게 묻습니다. "무엇이 에너지를 분산시켰는가?" "다음에는 어떤 조건을 바꿔볼까?"이것이 감정 대신 데이터로 배우는 루프입니다. 피드백 루틴은 거창할 필요가 없습니다. 하루의 끝에서 오늘 잘된 점, 막혔던 점,내일 바꿔볼 한 가지. 이 세 가지만 점검해도 충분합니다. 이 단순한 기록만으로도 전전두엽의 오류 수정 회로는 활성화되고, 뇌는 '실패'를 학습의 신호로 재해석합니다.

생애 루프의 네 번째 단계인 피드백·점검은, 결과를 감정이 아닌 데이터로 검토하고 작동 요인과 비작동 요인을 학습하는 과정입니다. 이 단계를 통해 우리는 자신의 루프를 통찰하게 됩니다.

⑤ 재설계·조정(Redesign·Adjustment)
– "다음 바퀴를 더 가볍게 만들기"

루프의 마지막 단계는 재설계·조정입니다. 그러나 이 단계는 끝이 아니라, 다음 루프의 시작점입니다. 다시 방향–설계–실행–피드백으로 이어지는 순환의 고리를 만들어 주기 때문입니다. 뇌과학에서 말하는 신경 가소성Neuroplasticity에 따르면, "인간의 뇌는 반복–피드백–수정에 반응하며 스스로 회로를 다시 구성한다"고 설명합니다.[33] 즉, 반복과 조정 그 자체가 곧 성장입니다. 조정은 계획을 고수하는 고집이 아니라, 상황 변화에 맞게 전략을 다시 설계하는 유연한 지혜입니다.

라이프엔지니어링에서 재설계·조정은 '실패 이후의 재설계 기술'입니다. 실패를 끝으로 보지 않고, 데이터로 읽어 다음 설계로 전환하는 과정입니다. 예를 들어 루프 점검에서 아침 루틴이 자주 무너졌다는 결과가 나왔다면, 의지가 약했다라고 결론을 내리기보다, "시작 시간이 너무 이르지는 않았는가?", "단서를 바꿔야 하는가?"와 같이 구조적 요인을 수정합니다. 루틴을 30분 늦추거나, '커피 향 → 책상'처럼 새로운 단서를 설정하는 것이 바로 재설계입니다. 이처럼 작은 조정 하나가 루프 전체를 가볍게 만듭니다. 뇌는 변화를 두려움이 아니라 성장의 신호로 인식할 때, 편도체의 위협 반응이 줄어들고 전전두엽의 유연 사고 회로가 강화됩니다.[34] 즉, 조정은 단순한 마음가짐이 아니라, 두뇌가 새로 배우는 과정이며, 스스로를 회복하고 진화시키는 기술입니다.

재설계·조정은 한 번에 하나씩 적용합니다. 피드백에서 얻은 통찰 중 가장 작은 하나만 반영합니다. 욕심을 내면 루프는 무거워집니다. 작은 조정은 '작은 승리'의 반복을 만들어 자기 신뢰를 강화합니다. 예를 들어, "나는 원래 꾸준하지 못해"라는 문장이 "나는 짧게라도 매일 실천하는 사람입니다"로 바뀌는 순간, 정체성은 업그레이드됩니다.

루프는 '실패를 줄이는 장치'가 아니라, 실패를 배움으로 바꾸는 장치입니다. 두려움이 줄어들면 시도가 늘고, 시도가 늘면 성장은 가속됩니다.[35] 루프의 미학은 완벽함이 아니라 빠른 학습에 있습니다. 한 바퀴를 돌 때마다 시스템은 한 단계씩 개선되고, 그 작은 개선들이 모여 성장 곡선의 전환점을 만듭니다.

생애 루프의 다섯 번째 단계인 재설계·조정은, 루틴·목표·환경을 가볍게 업그레이드하며 다음 루프로 연결하는 과정입니다. 이 단계는 "다음 바퀴를 더 가볍게 만들 요소는 무엇인가?"라는 질문을 통해, 자기 업그레이드를 다시 시작하게 합니다.

>>> 6대 영역 : 삶을 설계하고 돌보는 여섯 개의 장(Field)

루프는 실제 삶에 적용될 때 비로소 힘을 가집니다.
라이프엔지니어링은 삶을 여섯 개의 장으로 나누어 살피지만, 이들은 따로 존재하지 않습니다. 서로 연결된 하나의 시스템입니다.
한 영역의 막힘은 다른 영역의 흐름을 막고, 한 영역의 순환은 다른 영역의 순환을 펼칩니다.

이 여섯 개의 영역은 라이프엔지니어링의 원리·축·루프가 현실의 생활 속에서 작동하는 무대입니다. 어느 하나만 잘한다고 해서 전체가 단단해지지는 않습니다. 예를 들어, 정체성의 선명함은 학습의 몰입을 돕고, 에너지의 안정은 관계의 밀도를 높이며, 기여의 경험은 방향에 대한 자신감을 키웁니다. 반대로 한 영역의 방치는 전체 균형을 흔들 수 있습니다. 그래서 라이프엔지니어링은 부분의 성공이 아니라 전체의 균형, 즉 부분 최적화가 아닌 전체 설계를 지향합니다. 이는 여섯 가지 삶의 영역을 각각 관리하는 것이 아니라, 모든 영역이 하나의 루프 안에서 함께 작동하도록 설계하는 기술입니다.

궁극적으로 라이프엔지니어링은 정체성-건강-학습-관계-기여-자원이라는 6대 영역을 하나의 통합 시스템으로 설계하고, 그 안에서 의미 있는 방향으로 에너지를 운용하며, 변화에 따라 스스로를 끊임없이 재설계하는 삶의 기술입니다.

① 정체성과 방향성(Identity & Direction)
– 내가 누구이며, 어디로 가야 하는가를 설계하는 출발점

정체성과 방향성의 영역은 "나는 누구인가?"와 "나는 어디로 가고 있는가?"를 다루는 삶의 첫 번째 기초입니다. 우리가 세상 속에서 길을 잃는 순간은 '해야 할 일'을 모를 때가 아니라, '왜 해야 하는가?'를 잃을 때입니다. 이 영역은 바로 그 삶의 이유를 되찾는 과정입니다. 삶 전체를 관통하는 나의 정체Identity와 삶의 방향을 설계하는 일입니다. 대부분의 불안과 혼란은 자신의 정체성과 방향이 어긋날 때 생겨납니다. 직업은 있지만 의미를 느끼지 못하고, 관계는 있지만 진심으로 연결되지 못할 때, 그 중심에는 언제나 "나는 왜 이것을 하고 있는가?"라는 질문이 놓여 있습니다.

라이프엔지니어링은 인생을 '목표 달성의 여정'이 아니라, '의미의 여정'으로 바라봅니다. 여기서 말하는 정체성이란 자기소개서에 쓰는 문장이 아니라, "내가 어떤 가치로 세상을 바라보고 있는가?"라는 깊은 자기 탐구에서 출발합니다. 이 영역에서 작동하는 것은 라이프엔지니어링의 핵심 원리인 의미 중심 설계입니다. 자신의 가치와 비전, 강점을 시각화하고 정렬함으로써, 삶의 방향을 '목표'가 아니라 방향과 의미의 축으로 세웁니다.

먼저 자신을 관찰과 진단의 대상으로 둡니다. "어떤 상황에서 기쁨을 느끼는가?" "무엇을 할 때 시간 가는 줄 모르는가?" "어떤 가치가 내 마음을 움직이는가?" 이러한 질문을 통해 내 안의 고유한 패턴과 동기 구조를 읽어냅니다.

그다음 단계는 방향의 설계입니다. 삶의 축을 비전Vision으로 세우고, 그 비전을 중심으로 삶의 루프를 정렬합니다. 이 과정은 다음과 같은 흐름을 따릅니다.

> ㉠ **자기 인식** – 나의 가치, 강점, 감정의 리듬을 파악하고 나를 설계 가능
> 한 시스템으로 인식
> ㉡ **의미 추출** – 내가 중요하게 여기는 주제와 삶의 이유를 탐색
> ㉢ **비전 정렬** – 나의 가치와 목적을 장기적 방향으로 구조화
> ㉣ **방향 선언**–내가 향하는 방향을 하나의 문장으로 표현

예를 들어, "나는 연결을 통해 사람들의 성장을 돕는 사람입니다." 라는 한 문장을 방향으로 설정하는 것만으로도 삶은 방향성을 갖기 시작합니다. 이 영역의 핵심은 나를 인식하고, 내가 향하는 방향을 명확히 하는 일입니다. 정체성과 방향이 세워질 때 다른 영역들은 자연스럽게 연결되며, 방향이 분명할수록 에너지는 낭비되지 않습니다.

라이프엔지니어링은 이 영역에서 자기 설계 지도, 비전 루프, 라이프 모토 카드, 가치 카드와 같은 도구를 활용합니다. 이러한 도구들은 개인의 가치와 방향을 시각화하고 구조화하여, 결국 '나'라는 시스템의 기본 구조를 단단히 세워 줍니다.

② 건강과 에너지(Health & Energy)
– 몸과 마음의 리듬을 설계하는 에너지 시스템

두 번째 영역은 몸과 마음의 에너지 시스템을 관리하고 설계하는 영역입니다.

삶을 설계하는 일에서 '건강'은 가장 현실적인 기반입니다. 몸이 지치면 마음은 방향을 잃고, 마음이 무너지면 계획은 실행되지 않습니다. 라이프

엔지니어링은 이 단순하지만 깊은 사실을 '에너지 시스템'이라는 언어로 재해석합니다. 우리의 몸과 마음은 서로 분리된 것이 아니라, 하나의 복합 회로입니다. 수면, 영양, 운동은 신체 에너지를 만들고, 감정, 관계, 생각은 심리적 에너지를 순환시킵니다. 이 회로가 막히면 피로가 쌓이고, 회로가 조화되면 몰입과 회복이 일어납니다.

이 영역에서 라이프엔지니어링은 시간 관리가 아니라 에너지 관리를 강조합니다. 시간은 일정하지만, 에너지는 조율할 수 있기 때문입니다. 예를 들어 하루 중 가장 집중이 잘 되는 시간대를 분석해 '에너지 피크 타임'을 확보하고, 감정이 낮아지는 시간대에는 회복 루틴을 설계합니다. 감정이 요동칠 때는 감정 회로도를 통해 그 흐름을 시각화하여 균형을 회복합니다.

삶을 공학적으로 다룬다는 것은, 에너지를 측정 가능하고 조정 가능한 시스템 변수로 이해하는 데서 시작합니다. 우리는 종종 "시간이 부족하다"고 말하지만, 실제로 부족한 것은 시간이 아니라 에너지의 질입니다. 아무리 좋은 계획도 에너지가 떨어지면 작동하지 않습니다. 라이프엔지니어링은 이 영역에서 에너지 운용 원리를 적용합니다. 신체적 건강(수면, 운동, 영양)과 정신적 안정(감정 조절, 스트레스 회복력)을 하나의 통합 시스템으로 바라보고, 에너지가 고르게 순환하도록 루틴을 설계합니다.

라이프엔지니어링은 이 영역에서 다음의 세 가지 루프를 설계합니다.

㉠ **활력 루프**(Vitality Loop) – 운동, 수면, 영양의 균형을 맞춰 신체 에너지를 유지

㉡ **감정 루프**(Emotion Loop) – 감정을 억누르지 않고 관찰하며 회복탄력성을 강화

㉢ **집중 루프**(Focus Loop) – 몰입의 조건을 데이터로 기록하여 최적의 집중 시간을 설계

이렇게 '몸-마음-생각'의 세 가지 회로가 하나의 루프로 연결되면, 삶의 속도가 빨라지더라도 리듬은 안정됩니다. 이 영역의 핵심은 몸과 마음을 설계의 대상으로 보고, 감정과 에너지를 데이터처럼 관찰·관리하는 태도입니다. 에너지가 고르게 순환할 때, 삶의 리듬은 안정되고 실행력은 자연스럽게 유지됩니다.

라이프엔지니어링은 이 과정을 통해 "내가 얼마나 바쁜가?"가 아니라, "내가 얼마나 균형 잡힌 에너지를 가지고 살고 있는가?"를 기준으로 삶을 바라보게 합니다. 이를 위해 에너지 로그, 회복 루틴, 감정-활성 곡선과 같은 도구를 활용해 자신의 에너지 패턴을 '관찰 → 진단 → 설계 → 조정'하게 됩니다.

③ 학습과 성장(Learning & Growth)
– 변화에 대응하며 스스로를 진화시키는 성장의 루프

세 번째 영역은 지적 성장과 학습 루프를 설계하는 영역입니다. 배움은 단지 지식을 쌓는 일이 아니라, 세상과 자신을 연결하며 스스로를 확장해 가는 과정입니다. 학습은 더 이상 교실만의 영역이 아닙니다. AI가 정보를 대신 학습하는 시대에, 인간의 학습은 정보를 얻는 일이 아니라 새로운 나를 만들어가는 일이어야 합니다.

AI 시대의 진짜 경쟁력은 배우는 능력, 즉 새로운 지식과 기술을 스스로 학습하고 지속적으로 업그레이드할 수 있는 힘입니다. 라이프엔지니어링은 배움을 성장 루프로 봅니다. 배움은 지식의 축적이 아니라, 배움(경험) → 실천 → 피드백 → 재설계로 이어지는 순환 구조이기 때문입니다. 이 영역의 목적은 '잘 배우는 사람'을 만드는 것이 아니라, '계속 배우는 시스템'을 설계하는 것입니다. 예를 들어, 직장에서 새로운 일의 방식을 시도해 보거나, 가정에서 자녀와의 소통 방식을 바꾸어 보는 모든 과정이 학습의 일부가 됩니다. 중요한 것은 '완벽히 아는 것'이 아니라, 시도하고, 피드백하고, 다시 조정하는 루프를 지속하는 것입니다.

라이프엔지니어링은 이 영역에서 다음의 네 가지 과정을 강조합니다.

    ㉠ **학습 진단**(Diagnose) – 나의 학습 패턴, 동기, 몰입 조건을 점검
    ㉡ **학습 설계**(Design) – 목표, 루틴, 자원(시간·도구·멘토)을 구조화
    ㉢ **실행과 피드백**(Apply & Feedback) – 실천과 경험 데이터를 기록하고 성찰
    ㉣ **재설계**(Redesign) – 학습 방식과 환경을 업그레이드

이 과정을 통해 배움은 더 이상 '과제'가 아니라, 삶의 자연스러운 리듬이 됩니다. 매일 조금씩 자신을 업그레이드하는 일, 그것이 진짜 학습이며 진짜 성장입니다. 이 영역의 핵심은 배움을 목적이 아닌 시스템으로 바꾸는 것입니다. 다시 말해, 배우는 사람이 아니라 배움이 작동하는 사람이 되는 것입니다. 그럴 때 호기심은 지속 가능해지고, 실패는 성장의 일부로 흡수됩니다.

라이프엔지니어링은 이를 위해 러닝 루프 카드, 성장 트래커, 피드백 저널과 같은 도구를 활용합니다. 이러한 도구들은 학습의 과정을 시각화·기록·조정하는 루프 시스템으로 설계되어, 배움을 생활 속의 자연스러운 순환 구조로 만들어 줍니다.

④ 관계와 연결(Relationship & Connection)
– 나를 키우는 사회적 에너지

네 번째 영역은 인간관계와 사회적 연결망을 설계하고 관리하는 영역입니다. 다시 말해, 신뢰와 공감의 루프를 통해 사회적 에너지를 설계하는 영역입니다. 우리는 홀로 성장할 수 없습니다. 인생에서 대부분의 변화는 '누군가와의 관계'를 통해 일어납니다. 결국 인간의 삶은 관계 속에서 완성됩니다. 따라서 관계는 단순한 '사람과의 연결'이 아니라, 에너지의 교환이며 성장의 촉매입니다.

라이프엔지니어링은 관계를 감정적 유대의 수준에서 한 단계 확장하여, 사회적 시스템으로 이해하고 다룹니다. 누구와, 어떤 목적과 가치로 연결되어 있는지가 나의 에너지와 성장 방향에 결정적인 영향을 주기 때문입니다. 라이프엔지니어링에서 사회적 시스템은 신뢰 → 소통 → 피드백 → 갱신의 구조로 작동합니다. 우리는 관계에서 기쁨도 얻지만, 동시에 많은 에너지를 잃기도 합니다. 그 이유는 대부분 관계의 구조를 의식적으로 설계하지 않기 때문입니다.

라이프엔지니어링은 관계를 다음과 같은 세 가지 루프로 구분합니다.

ⓐ **지지 루프**(Support Loop) – 나를 북돋워 주는 관계

   (예: 실패한 나에게 "괜찮다"고 말해주고, 다시 시도할 힘을 주는 사람)

ⓑ **소모 루프**(Drain Loop) – 나의 에너지를 소진시키는 관계

   (예: 성적이나 취향을 이유로 함부로 판단·비난하거나, 만날수록 지치고 위축되는 관계)

ⓒ **확장 루프**(Expand Loop) – 새로운 가능성과 기회를 여는 관계

   (예: 대화만으로도 생각의 범위가 넓어지고, 새로운 선택지를 보여주는 사람)

이 세 가지 루프를 구분하면, 관계를 감정이 아니라 패턴으로 이해할 수 있습니다. 그다음 '소모 루프'는 줄이고, '확장 루프'는 늘리는 방향으로 관계 구조를 조정합니다. 또한 라이프엔지니어링은 공감 루프를 통해, 타인의 감정을 이해하고 나의 감정을 명확히 표현하는 연습을 제안합니다. 이 과정을 거치면 관계의 루프는 갈등의 고리가 아니라 성장의 고리로 전환됩니다.

이 영역의 핵심은 '관계를 관리하는 것이 아니라, 관계를 설계하는 것'입니다. 관계를 설계한다는 것은 곧 내 삶의 에너지 흐름을 설계하는 일입니다. 관계 설계는 단순한 인간관계 기술이 아니라, 사회적 신뢰를 기반으로

한 사회적 에너지 엔지니어링입니다. 감정의 흐름, 의사소통의 패턴, 신뢰의 축적을 관계 데이터로 바라보고, 그 패턴을 점검하고 재설계하는 과정을 통해 '감정 중심의 관계'는 데이터 기반의 성장 관계로 진화합니다. 이를 위해 라이프엔지니어링은 마이 소셜 서클 맵My Social Circles Map, 커넥션 로그, 공감 인터뷰 시트Empathy Sheet와 같은 도구를 활용합니다. 이러한 도구들은 관계의 흐름을 시각화·분석·갱신하는 데 도움을 주며, 결국 '나와 타인의 연결'을 나의 성장 시스템 안으로 통합하도록 이끕니다.

⑤ 기여와 실현(Contribution & Realization)
– 나의 가치가 세상 속에서 구현되는 의미의 루프

다섯 번째 영역은 삶의 결과를 세상과 연결하는 '의미 실현의 영역'입니다. 이 영역은 개인을 넘어 사회와 상호작용하며 의미를 구현하는 단계로, 나의 가치가 사회 속에서 실제로 작동하는 방식을 다룹니다. 개인은 사회와 분리되어 존재하지 않습니다. 사회의 건강성은 개인의 삶의 질과 성장 가능성에 직접적인 영향을 미칩니다. 성장은 결국 나를 넘어 세상과 연결되는 순간에 완성됩니다.

라이프엔지니어링은 인간의 성장이 자기 완결로 끝나지 않는다고 봅니다. 진짜 성장은 "나의 변화가 세상에 어떤 좋은 흔적을 남기는가?"라는 질문으로 완성됩니다.

이 영역은 단순한 봉사나 사회참여가 아니라, 개인과 사회가 함께 작동하는 의미 실현 시스템입니다. 개인의 기여는 사회를 더 건강하게 만들고, 그 사회적 건강성은 다시 개인에게 더 많은 기회, 신뢰, 관계 자본으로 되돌아옵니다.

다시 말해, 자신의 가치와 강점을 세상과 연결하여 '내가 기여할 수 있는 방식'을 설계하는 과정을 통해 개인과 공동체가 함께 성장하는 구조입니다.

이 영역은 다음의 세 가지 흐름으로 전개됩니다.

이 영역의 핵심은 의미를 행동으로 옮기고, 그 행동을 사회적 영향으로 확장하는 것입니다. 라이프엔지니어링은 여기에서 자기 재설계 원리를 작동시킵니다. 나의 일과 관계, 프로젝트를 통해 사회와 상호작용하며 자신의 시스템을 조정·확장합니다. 예를 들어, 지향하는 의미에 따라 건넨 작은 도움이나, 팀 안에서 반복한 역할은 하나의 기여 루프로 이어지고, 그 흐름은 점차 주변으로 확장됩니다. 작은 기여가 반복되면 그것은 하나의 사회적 진화가 됩니다. 그리고 진화된 사회는 다시 개인에게 더 나은 관계 환경, 신뢰, 선택 가능성으로 되돌아옵니다.

라이프엔지니어링은 이 영역에서 임팩트 루프Impact Loop, 기여 설계표 Contribution Design Sheet, 기여 피드백 카드Contribution Feedback Card 등의 도구를 활용해, 자신의 활동이 개인의 만족을 넘어 사회적 영향으로 확장되도록 돕습니다. 이 영역을 실천하는 사람은 단순히 '일하는 사람'이 아니라, '가치를 설계하고 구현하는 사람', 즉 의미를 움직이는 엔지니어로 성장합니다.

⑥ 자원과 지속 가능성(Resources & Sustainability)
– 시간, 돈, 환경을 균형 있게 조율하는 지속 가능한 시스템

여섯 번째 영역은 삶의 균형을 유지하는 '운영 시스템', 즉 삶을 운영하는 자원의 설계와 조율에 관한 영역입니다. 시간, 돈, 공간, 환경, 인간관계, 기술 등 모든 자원은 유한하지만, 그 사용 방식은 무한히 다를 수 있습니다. 아무리 의미 있고 열정적인 삶이라도 시간이 엉키고, 재정이 불안하며, 관계가 소모되면 오래 지속될 수 없습니다.

라이프엔지니어링은 이 영역에서 시스템적 사고Systemic Thinking 원리를 적용합니다. 삶의 자원들을 하나의 거대한 루프로 바라보고, 각 자원이 서로 어떻게 연결되어 영향을 미치는지를 시각화하며, 비효율적인 루프를 찾아내어 재설계합니다. 시간은 에너지를 낳고, 에너지는 성과를 만들며, 성과는 다시 자원으로 돌아옵니다. 이 순환이 막히면 번아웃이 오고, 균형이 유지되면 삶은 지속됩니다.

라이프엔지니어링은 이 영역에서 다음의 세 가지 루프를 설계합니다.

ㄱ **시간 루프**(Time Loop) - 생산성 중심이 아닌, 의미 중심의 시간 설계
ㄴ **재정 루프**(Financial Loop) - 지출과 가치의 일치를 통해 소비를 의미화
ㄷ **환경 루프**(Environment Loop) - 공간, 상태, 관계를 조율하는 환경 설계

이 영역의 핵심은 '효율'이 아니라 '균형', 그리고 '지속 가능한 구조'입니다. 라이프엔지니어링은 일시적인 성취가 아니라, 장기적으로도 건강하고 유지 가능한 시스템을 설계하는 것입니다. 삶의 각 루프가 조화를 이룰 때, 우리는 단순히 "잘 사는 사람"이 아니라, "오래도록 흐르는 사람"이 됩니다.

예를 들어, 시간과 돈의 사용 패턴을 분석하여 에너지를 높여 주는 소비와 소모시키는 소비를 구분하거나, 일터·가정·디지털 환경 등 삶의 공간을 나의 시스템에 맞게 재정렬합니다.

라이프엔지니어링은 이 영역에서 리소스 플로우 차트, 라이프 밸런스 시트, 지속 가능 루틴 플래너와 같은 도구를 활용합니다. 이러한 도구들은 시

간-재정-환경의 흐름을 시각화하고, 진단하며, 조정하도록 돕습니다. 이 영역이 안정되면, 삶 전체의 시스템은 쉽게 흔들리지 않습니다. '시간-에너지-의미'의 루프가 선순환 구조로 자리 잡고, 삶은 꾸준히 업그레이드되며 지속 가능한 흐름을 유지합니다.

라이프엔지니어링의 여섯 가지 영역은 따로 존재하지 않습니다. 정체성이 방향을 주고, 에너지가 실행을 가능하게 하며, 학습이 성장을 촉진하고, 관계가 그 성장을 사회로 확장시키며, 기여가 의미를 완성시키고, 자원이 그 모든 과정을 지속 가능하게 만듭니다.

삶을 설계한다는 것은 각 영역을 따로 관리하는 일이 아니라, 여섯 개의 영역이 함께 작동하게 하는 일입니다. 그때 우리는 더 이상 그냥 '살아가는 사람'이 아니라, '자신의 삶을 설계하고 운영하는 사람'이 됩니다.

이처럼 라이프엔지니어링은
왜 삶이 움직이고(원리),
어떻게 균형을 유지하며(3대 핵심 축),
무엇을 반복하고(5단계 생애 루프),
어디에 적용할지(6대 영역)를 하나로 묶는 생활 기술입니다.

다시 말해 라이프엔지니어링은 '5대 원리'라는 작동 법칙을 바탕으로, '3대 핵심 축'이라는 균형 구조 위에서, '5단계 생애 루프'라는 실행 엔진을 돌려, '6대 영역'이라는 삶의 장을 통합적으로 설계하고 운용하는 자기 진화형 삶의 시스템입니다.

라이프엔지니어링의 원리와 구조: 5·3·5·6

라이프엔지니어링은 삶이 실제로 작동하게 만드는 전체 설계도입니다.
연결된 시스템으로서의 삶을 이해하고,
변화에 맞춰 스스로를 재설계하는 운영체계(OS)를 구축합니다.

- 의미(Why)가 방향을 만들고
- 에너지(How)가 추진력을 만들고
- 순환(Loop)이 지속성을 만드는 구조입니다.

라이프엔지니어링은 5단계 생애 루프를 활용해
삶의 6대 영역을 데이터 중심으로 관찰하고 최적화합니다.

계획보다 설계,
선택보다 순환,
목표보다 시스템

이제 우리는 삶을 '견디는 존재'가 아니라,
스스로 '설계하고 운용하는 존재'로 나아가야 합니다.

제6장

나의 삶에
라이프엔지니어링 적용하기

　앞선 장에서 우리는 라이프엔지니어링의 구조를 살펴보았습니다. 삶을 하나의 시스템으로 보고, 방향, 에너지, 순환의 세 축이 5대 원리와 5단계 생애 루프 속에서 맞물려 돌아가는 구조였습니다.[36] 그러나 구조를 안다고 해서 삶이 저절로 변하지는 않습니다. 삶은 고정된 대상이 아니라, 끊임없이 움직이는 생태계이기 때문입니다. 우리의 의미와 에너지, 관계와 시간은 서로 영향을 주고받으며 계속 변화합니다.

　이 장에서는 5장에서 다룬 구조가 실제 삶 속에서 어떻게 작동하는지, 그리고 그 원리가 어떻게 지속적인 성장으로 이어지는지를 살펴봅니다.

우리는 매일 비슷한 하루를 살아갑니다. 아침에 눈을 뜨고, 출근 준비를 하고, 사람을 만나고, 일을 하고, 저녁에 귀가합니다. 겉으로 보면 어제와 오늘은 크게 다르지 않아 보입니다. 그런데 어떤 날은 이상하게도 충만하고, 또 어떤 날은 이유 없이 공허합니다. 그 차이는 우리가 '무엇을 했는가?'보다, 그 하루가 의식적인 루프로 작동했는가에 달려 있습니다.

루프가 작동된다는 것은 단순히 계획을 세워 지키는 일이 아닙니다. 반복되는 하루 속에서 의미를 찾고, 그 의미를 데이터처럼 피드백으로 돌려보는 것입니다. 다시 말해, '그냥 하루를 보내는 것'과 '하루를 관찰하며 살아가는 것'의 차이입니다.

다음과 같은 작은 질문들만으로도 하루는 전혀 다르게 흘러갑니다.

- 아침 루프: "나의 오늘은 어떤 가치를 만들까요?"
- 낮 루프: "지금 나는 어디에 에너지를 쓰고 있나요?"
- 저녁 루프: "오늘의 선택 중 다시 해보고 싶은 것은 무엇인가요?"

이 세 문장은 단순한 자기 성찰이 아닙니다. 그저 지나가는 하루를 '순환 구조'로 바꾸는 작은 스위치입니다. 이 질문을 던지는 순간, 나의 하루는 직선형 일정표가 아니라, 방향·진단 → 설계·루틴 → 실행·적용 → 피드백·점검 → 재설계·조정으로 이어지는 하나의 흐름이 됩니다.

루프는 거창한 프로젝트나 완벽한 자기계발 계획이 아닙니다. 아침의 커피 한 잔, 점심시간의 짧은 대화, 퇴근길의 생각처럼 이미 매일 반복되는 익숙한 일상에 의식과 관찰의 틀을 더하는 일입니다. 이렇게 일상의 패턴이 루프로 바뀌면, 우리는 더 이상 하루를 '소비하는 사람'이 아니라, 하루를 '설계하며 성장하는 사람'으로 살아가게 됩니다.

≫≫ 나의 작은 루프 설계하기

루프를 설계한다고 해서 거대한 계획이 필요한 것은 아닙니다. 오히려 작고 구체적일수록 오래갑니다. 목표를 크게 세우기보다, 내일 당장 시도할 수 있는 하나의 장면을 고르고, 그 안에 아주 짧은 흐름을 심어 넣으면 됩니다.

먼저 루프를 적용할 장면을 정해봅니다. 퇴근 직후 집의 현관문에 들어서는 순간, 아침에 알람이 울린 직후, 점심을 먹고 자리에 돌아왔을 때처럼 반복되는 시간과 장소가 좋습니다. 루프는 이 장면 위에 시작 신호 → 최소 행동 → 종료 신호 → 기록 한 줄이라는 네 가지 요소를 얹어 완성합니다.

시작 신호는 "지금부터 루프를 켭니다"라는 스위치와 같은 장치입니다. 알람, 특정 음악, 문을 여는 순간처럼 확실한 단서가 좋습니다. 최소 행동은 의지가 거의 필요 없는 가장 작은 단위입니다. 예를 들어 10분 산책, 책 3쪽 읽기, 서랍 1칸 정리하기, 메모 1줄 적기 같은 행동입니다. 종료 신호는 끝을 맺고 다음 행동으로 넘어가게 하는 장치입니다. 타이머 종료음, 컵을 씻어 제자리에 두기, 사용한 앱을 닫고 홈 화면으로 돌아오기처럼 단순할수록 좋습니다. 기록 한 줄은 실행한 루프를 느낌에서 데이터로 바꾸는 스위치입니다. '오늘 잘된 점, 막힌 점, 내일 바꿀 것'처럼 간단한 문장을 짧게 남기면 충분합니다.

핵심은 마찰을 줄이는 설계입니다. 운동화를 현관문 옆에 꺼내 두고, 노트를 책상 위에 펼쳐 두고, 이어폰을 충전된 상태로 켜 두는 식의 환경 배치가 의지를 대신합니다. "해야지"보다 "손이 먼저 닿게" 만드는 구조가 루프의 절반입니다.[37] 마찰을 줄이기 위해 기억할 점은 5장에서 언급한 2분 착수 규칙입니다. 시작은 보통 가장 큰 저항 지점인데, "딱 2분만 책을 펼칩니다", "2분만 걷습니다"처럼 착수 자체를 목표로 삼으면, 일단 움직이기 시작한 관성이 나머지를 도와줍니다. 2분처럼 부담 없을 만큼 작아야 매일 저항을 이길 수 있습니다.

예시 ① 아침 15분 회복 루프

알람이 울립니다(시작 신호). 휴대폰을 잡기 전에 창문을 열고 깊게 숨을 세 번 들이마십니다. 책상에 앉아 오늘의 한 줄을 적습니다.

"오늘은 '정리'의 가치를 선택합니다." 이어서 10분 동안 책을 펼치고 한 쪽을 소리 내어 읽습니다(최소 행동). 타이머가 울리면 창문을 닫고 컵에 물을 채워 책 옆에 둡니다(종료 신호). 노트에 짧게 남깁니다.

- 읽기 좋았음
- 잠이 덜 깼음
- 내일은 물 먼저."(기록 한 줄)

이 루프는 방향·진단의 질문(오늘의 가치 한 줄)으로 시작해, 설계·루틴 (10분 읽기)을 거쳐, 피드백·점검과 재설계·조정(기록 한 줄)까지 한 바퀴 를 아주 작게 돌려줍니다.

예시 ② 퇴근 후 40분 정리 루프

현관 비밀번호를 누르는 순간이 시작 신호입니다. 가방을 내려놓자마자 10분간 산책을 합니다(최소 행동 1). 돌아와 20분 동안 식탁 위 서류와 메 신저 알림을 오늘 / 이번 주 / 보류 세 묶음으로만 분류합니다(최소 행동 2). 타이머가 울리면 컵을 씻고 제자리에 둡니다(종료 신호). 마지막으로 메모장에 적습니다.

- 잘된 점: 머리가 맑아짐
- 막힌 점: 휴대폰 알림으로 집중 분산
- 내일 조정: 산책 전에 휴대폰을 비행기 모드로."(기록 한 줄)

이 루프는 의지를 덜 쓰는 구조로 짜여 있습니다. 시작 신호(현관), 정해진 동선(산책→분류→컵), 집중 유지(비행기 모드), 짧은 피드백(세 줄). '정리 잘하기'가 아니라, '내일도 자동으로 켜지는 흐름'을 설계한 것입니다.

루프가 이틀을 넘어 일주일을 채우면 규칙을 하나 더합니다. "놓치면, 다음 날 절반만." 매번 완벽하게 해내려고 하면 루프는 무거워지지만, 절반 복귀 규칙은 흐름을 살려줍니다. 루프는 성취의 도구가 아니라 리듬의 장치이기 때문입니다.

마지막으로, 루프를 설계할 때 의미의 문장을 아주 가볍게 걸어 둡니다. "나는 저녁엔 마음을 가볍게 두는 사람.", "나는 아침엔 배움을 한 숟갈씩 먹는 사람." 이 한 줄은 왜 이 루프를 돌리는지를 잊지 않게 해주는 작은 나침반입니다. 의미가 방향을 주고, 구조가 발을 떼게 하며, 기록이 다음 바퀴를 더 가볍게 만들어 줍니다.[38] 그 정도면 충분합니다. 내일도 다시, 같은 장면에서 스위치를 켤 수 있습니다.

>>> 리듬이 만드는 루프의 지속성

루프는 한 번 만드는 것보다, 계속 살아 있게 하는 일이 더 중요합니다. 의욕을 가지고 시작할 수는 있지만, 지속하도록 만드는 것은 의지가 아니라 구조입니다. 많은 사람들이 루프를 멈추는 이유는 의지가 약해서가 아니라, 삶의 리듬이 깨졌기 때문입니다. 루프는 '계획'이 아니라 리듬입니다. 의지는 파도처럼 오르내리지만, 리듬은 흐름으로 이어집니다. 즉, 루프를 유지한다는 것은 삶의 흐름을 다시 잇는 기술입니다.

루프가 멈출 때 나타나는 대표적인 세 가지 신호는 다음과 같습니다.

㉠ 에너지가 새어나갑니다.

: 해야 할 일을 끝냈는데도 피로가 풀리지 않습니다. 쉬는 시간에도 머릿속은 계속 돌아갑니다. 에너지는 사용량보다 흐름이 막힐 때 더 빠르게 줄어듭니다.

㉡ 감정이 불안정해집니다.

: 사소한 일에도 짜증이 나거나, 무기력감이 오래 갑니다. 감정의 진폭이 커졌다는 것은 루프가 '점검' 단계를 거치지 못하고 있다는 신호입니다.

㉢ 의미가 흐릿해집니다.

: "왜 이걸 하고 있는지 모르겠습니다." 방향이 사라지면 루프는 동력을 잃습니다. 루프가 무거워졌을 때 필요한 것은 더 많은 노력이 아니라 가벼운 조정입니다.

루프를 복구할 때 가장 먼저 해야 할 일은 '다시 세우기'가 아니라 '줄이기'입니다. 1시간 루프를 10분 루프로, 일주일 루프를 하루 루프로, 3단계 루틴을 1단계로 줄입니다. 루프는 크기를 유지해야 하는 구조물이 아니라, 리듬을 회복하는 생명체입니다. 작게라도 다시 움직이기 시작하면, 시스템은 스스로 호흡을 되찾습니다.

40대의 초등학생 자녀를 둔 한 직장인 A씨는 '퇴근 후 30분 운동 루프'를 만들었지만 한 달도 가지 못했습니다. 퇴근길 교통체증이 길어지면 루프는 자연스럽게 끊겼고, 며칠이 지나자 다시 시작할 마음도 사라졌습니다. 그녀는 루프를 '포기'하는 대신 '압축'하기로 했습니다. "퇴근 후 30분 운동"을 "퇴근 후 엘리베이터 대신 계단 오르기 + 스트레칭 5분"으로 바꿨습니다. 하루 10분도 되지 않았지만, 2주가 지나자 다시 에너지가 돌기 시작했습니다.

"루프는 의지로 밀어붙이는 게 아니라, 작게라도 돌게 만드는 구조를 만드는 일이더라고요."

그녀의 말처럼 루프는 완벽함이 아니라 복귀 가능성을 지닌 구조일 때 오래갑니다. 중요한 것은 '얼마나 오래 했는가?'가 아니라, 얼마나 쉽게 돌아올 수 있는가입니다.

리듬을 회복하기 위한 가장 쉬운 방법은 루프의 타이밍을 고정하는 것입니다. 시간대와 장소가 같을수록 루프는 자동화됩니다. "매일 밤 10시, 같은 조명 아래에서" "출근 전, 커피가 식기 전에"와 같은 정해진 맥락을 만들어두면, 루프는 '의식적 노력'에서 '신체적 기억'으로 옮겨갑니다. 이것이 루프가 습관보다 강한 이유입니다. 습관은 무의식의 반복이지만, 루프는 의식의 순환입니다. 습관은 잊히면 끝이지만, 루프는 언제든 다시 불러올 수 있습니다. 노력은 하루를 움직이지만, 리듬은 삶을 움직입니다.

>>> 루프가 핵심 축을 움직일 때

루프가 꾸준히 돌기 시작하면, 그 안에서 세 개의 핵심 축(방향·에너지·순환)이 서서히 움직이기 시작합니다. 루프는 단순한 일정표가 아니라, 삶의 엔진을 작동시키는 구조이기 때문입니다.

① 방향의 축 – 의미가 다시 선명해집니다

루프를 반복하다 보면, '무엇을 해야 할지'보다 '왜 하는지'가 또렷해집니다. 예를 들어, 아침 루틴의 목적이 단순히 일찍 일어나기가 아니라, 내가 중요하게 여기는 하루의 출발점을 만드는 일이라는 사실을 깨닫게 됩니다. 이 순간, 루프는 의무가 아니라 의미의 프레임으로 바뀝니다.
루프가 방향의 축을 움직인다는 것은, 매일의 행동이 삶의 이유와 연결되는 경험을 준다는 뜻입니다. 의미가 생기면, 에너지는 저절로 따라옵니다.

② 에너지의 축 — 반복이 동력을 만듭니다

루프를 돌릴수록 의지의 피로는 줄어들고, 시스템의 힘은 커집니다. 의지가 아니라 구조가 나를 움직이게 될 때, 에너지는 새지 않습니다.

예를 들어, 아침마다 "오늘은 꼭 운동해야지"라고 다짐하는 대신, 전날 밤에 운동복을 문 옆에 두고 출근 가방 옆에 물병을 세워두는 구조를 만든다면, 다음 날의 시작은 훨씬 가벼워집니다. 에너지는 '의욕'에서 나오지 않습니다. 준비된 구조와 예측 가능한 리듬에서 나옵니다. 루프가 그 구조를 만들어 주는 순간, 삶의 추진력은 감정의 기복에 덜 흔들리게 됩니다.[39]

③ 순환의 축 — 피드백이 성장으로 바뀝니다

루프가 멈추지 않고 회전하기 시작하면, 삶의 모든 경험은 더 이상 '성공'과 '실패'로만 나뉘지 않습니다. 대신, 모든 경험이 데이터가 됩니다.
"오늘은 왜 집중이 잘 안 되었을까?", "어제보다 어떤 점이 나아졌을까?" 이런 질문을 던지는 순간, 감정 대신 구조로 자신을 바라보게 됩니다.

순환의 축이 강해지면, 실패는 다시 시도하기 위한 정보로 바뀌고, 비판은 학습의 통로가 됩니다. 삶은 감정의 롤러코스터가 아니라, 실험실이 됩니다. 루프가 한 바퀴 돌 때마다, 방향은 더 선명해지고, 에너지는 충전되며, 피드백은 다음 설계의 재료가 됩니다. 이것이 루프가 축을 움직이는 방식입니다.

▶▶▶ 삶의 시스템을 구축하는 루프

루프는 잠시의 열정만으로도 시작할 수 있습니다. 그러나 그 열정이 식은 뒤에도 계속 작동하려면, 루프는 삶 전체의 시스템 속에 자리 잡아야 합니다. 즉, 루프를 일련의 '행동'이 아니라 삶의 구조로 만드는 일입니다.

① 루프의 자리를 만들어야 합니다

루프는 따로 시간을 내서 하는 일이 아닙니다. 기존의 하루 안에서 이미 반복이 일어나고 있는 자리에 심을 때 오래갑니다. 예를 들어, 매일 커피를 마시는 시간에 '오늘의 한 줄 루프'를 덧붙입니다. 출퇴근길 10분을 '생각 정리 루프'로 정합니다. 잠자기 전 불을 끄기 직전에 '오늘의 피드백 한 문장 루프'를 넣습니다. 루프는 새로운 일을 추가하는 것이 아니라, 이미 존재하는 패턴 위에 의식의 고리를 얹는 것입니다. 이렇게 하면 루프는 '해야 할 일'이 아니라, '자연스럽게 돌아가는 일상'이 됩니다.

② 루프의 속도를 조정해야 합니다

루프는 적정한 주기를 가질 때 가장 효과적입니다. 하루 루프, 주간 루프, 월간 루프의 세 가지 속도를 번갈아 사용하는 것이 좋습니다.

> 하루 루프는 감정의 온도를 조정 **(작고 즉각적인 루프)**
> 주간 루프는 실행 패턴을 점검 **(행동 단위 루프)**
> 월간 루프는 방향을 재정렬 **(의미 중심 루프)**

이 세 속도가 맞물리면, 삶은 '즉흥적 반응'이 아니라 '조정 가능한 리듬'으로 바뀝니다. 하루 루프가 무너지더라도 주간 루프가 복구하고, 주간 루프가 흔들리면 월간 루프가 중심을 잡아줍니다. 루프의 시스템화란, 서로 다른 시간 단위의 루프들이 나를 지탱하도록 구조를 짜는 일입니다.

③ 나만의 신호로 루프를 점검해야 합니다

루프를 오래 유지하는 사람들에게는 공통점이 있습니다. 그들은 루프가 흐트러졌을 때를 감정이 아니라 패턴으로 인식합니다.

예를 들어, 일상 루프가 멈추면 메모장이 비고, 감정 루프가 막히면 음악을 듣지 않게 되고, 피드백 루프가 멈추면 "시간이 너무 빠르다"는 말을 자주 합니다. 이처럼 나만의 신호를 알아차리는 것이 루프 관리의 핵심입니다. 신호를 느끼면 죄책감이 아니라 조정을 실행합니다. "지금은 루프가 멈췄구나. 괜찮아, 오늘은 절반 루프만."

이 한 문장이 루프를 다시 작동시킵니다.

④ 루프가 쌓이면 삶이 달라집니다

루프를 시스템으로 정착시키면, 삶은 눈에 띄게 달라집니다. 크게 변하지 않아도, 이상하게 흔들리지 않습니다. 결정의 순간에도 불안보다 명료함이 먼저 나오고, 문제가 생겨도 감정보다 구조를 먼저 봅니다. 삶의 무게가 가벼워진다기보다, 움직임이 유연해집니다.

루프는 하루를 관리하는 기술이 아니라, 삶이 스스로 균형을 잡도록 돕는 내적 조율 시스템입니다. 그래서 루프를 오래 돌린 사람은 흔들릴 때마다 이렇게 말합니다.

"다시 루프를 켜면 됩니다." 이 감각이 바로 자기 신뢰입니다.

⑤ 루프가 자리 잡은 삶의 모습

루프가 삶 속에 완전히 들어오면, 더 이상 '계획'과 '실행'을 따로 생각하지 않습니다. 삶의 모든 장면이 루프의 일부가 됩니다. 하루의 대화, 식사, 일, 산책, 피로까지도 루프 안에서 돌아갑니다. 잘된 일은 다음 설계의 재료가 되고, 막힌 일은 다음 조정의 신호가 됩니다. 그렇게 루프는 삶의 모든 요소를 연결하는 작동 원리로 자리 잡습니다. 그때 우리는 더 이상 삶을 통제하려 하지 않습니다. 삶은 통제의 대상이 아니라, 조정의 대상이 됩니다. 루프는 그 조정을 돕는 가벼운 조타 장치입니다.

루프를 만든다는 것은 하루를 정리하는 기술이 아니라, 삶이 스스로 리듬을 유지하도록 돕는 구조를 세우는 일입니다. 루프가 내 삶의 시스템이 되는 순간, 나는 더 이상 계획에 매달리지 않습니다. 내가 의식하지 않아도, 루프는 내 삶을 계속 업그레이드해 갑니다.

>>> 리듬이 삶이 되는 구조 만들기

라이프엔지니어링의 궁극적 목표는 자신의 삶을 스스로 작동하는 시스템으로 만드는 데 있습니다. 이 시스템은 의미가 방향을 세우고, 에너지가 동력을 제공하며, 루프가 성장을 지속시키는 순환 구조로 이루어져 있습니다. 지속 가능한 성장의 핵심은 속도가 아니라 리듬입니다. 삶은 빠르게 달릴 때보다, 자신의 리듬을 찾을 때 더 깊어집니다. 리듬이 형성되면 삶은 더 이상 외부의 동기나 평가에 의존하지 않습니다. 의미가 선명할수록 매일의 선택은 단순해지고, 에너지 흐름을 기준으로 일정을 재구성하면 피로의 파동은 줄어듭니다. 작은 루틴은 의지의 마찰을 낮추고, 반복되는 실패의 경험조차 다음 조정을 위한 데이터가 됩니다. 결국 삶을 지탱하는 힘은 "무엇을 더할 것인가?"가 아니라, "어떤 리듬으로 살아갈 것인가?"에서 결정됩니다.

리듬에 기반하여 나를 지탱하는 구조를 만들기 위해서는 다음과 같은 사항을 염두에 두어야 합니다.

㉠ 의미를 우선합니다.

: 목표는 바뀔 수 있지만, 의미는 방향을 유지시킵니다. 의미가 선명할수록 변화는 두려움이 아니라 조정이 됩니다.

ⓛ 에너지를 중심에 둡니다.

: 하루의 계획은 '언제 시간이 나는가?'보다 '언제 에너지가 살아나는 가?'를 기준으로 세워야 합니다. 리듬을 따라 설계된 일정은 피로를 줄이고 몰입을 키웁니다.

ⓒ 루틴으로 마찰을 최소화합니다.

: 실패의 대부분은 의지 부족이 아니라 환경의 마찰 때문입니다. 루틴 은 그 마찰을 줄이는 자동화된 시스템입니다.

ⓔ 작은 성공을 쌓습니다.

: 매일의 작은 성취가 동기와 자존감을 회복시킵니다. 루프는 거대한 계획보다 작은 반복에서 자랍니다.[40]

ⓜ 데이터를 조정의 재료로 사용합니다.

: 피로도, 수면, 집중 시간, 감정 기록은 '좋고 나쁨'의 판정이 아니라 조정의 신호입니다. 삶은 측정될 때 개선됩니다.[41]

ⓗ 긴장과 회복의 리듬을 만듭니다.

: 지속적인 긴장은 번아웃을, 지속적인 휴식은 둔화를 만듭니다. 적절 한 긴장과 회복의 파동이 성장 곡선을 형성합니다.

ⓢ 관계를 루프의 촉매로 활용합니다.

: 혼자보다 함께 있을 때 루프는 더 안정적으로 순환합니다. 의미 있는 관계는 에너지를 순환시키는 통로가 됩니다.[42]

ⓞ 환경을 주기적으로 재구성합니다.

: 일상의 도구, 공간, 규칙은 시간이 지나면 마찰을 만듭니다. 정기적 인 정리와 재배치는 시스템의 잡음을 줄입니다.

이 리듬은 여섯 개의 영역이 균형 있게 작동할 때 비로소 온전히 드러납니다.

정체성과 방향성은 삶의 중심축을 세우고, 건강과 에너지는 추진력을 제공합니다. 학습과 성장은 변화를 위한 자원을 공급하며, 관계와 연결은 순환을 돕는 촉매가 됩니다. 기여와 실현은 의미를 바깥으로 확장시키고, 자원과 지속 가능성은 삶의 구조를 안정시킵니다. 이 여섯 영역이 서로를 지탱하며 순환할 때, 삶은 외부의 속도에 끌려가지 않고 스스로의 리듬을 유지하는 하나의 시스템이 됩니다.

이 단계에 이르면 삶은 '내가 끌고 가는 대상'이 아니라, 나를 움직여주는 생태계로 변화합니다. 의미가 방향을 정하고, 루틴이 구조를 만들며, 에너지가 그 구조를 다시 굴리는 자동 순환이 형성됩니다. 이 상태는 완벽해서 안정적인 것이 아니라, 계속해서 조정할 수 있기 때문에 안정적입니다.

이제 다음 장에서는 이 관점을 10대 라이프엔지니어링으로 확장합니다. 부모와 교사가 먼저 자신의 리듬을 이해하고 삶의 루프를 정돈했다면, 이제 10대가 자신만의 루프를 만들도록 도울 수 있습니다. 라이프엔지니어링은 어른의 성찰에서 출발하지만, 결국 다음 세대인 10대가 스스로의 삶을 운영할 수 있도록 돕는 언어가 되어야 합니다.

삶의 리듬을 찾고 구조를 세웠다면, 이제 그 시선을 우리 10대들의 성장 루프 설계로 옮길 차례입니다.

라이프엔지니어링의 핵심은 머리로 이해하는 것이 아니라,
아주 작은 행동이라도 직접 해보는 것입니다.
매일 반복되는 일상에 나만의 '피드백 루프'를 설치해 보세요.
작은 변화가 모여 삶을 움직이는 강력한 엔진이 됩니다.

실패해도 괜찮습니다.
실패는 포기할 이유가 아니라 더 좋은 방법을 찾기 위한 힌트입니다.
의지력에 기대지 마세요.
그냥 그렇게 될 수밖에 없는 구조를 만드는 것이 먼저입니다.
아주 작은 기록이라도 남기세요.
기록이 쌓여야 내 삶이 어디로 가고 있는지 보입니다.

루프의 버전 업 공식 ➡ $Upgrade = \dfrac{\Delta Sight}{Loop\ cycle}$

루프 한 바퀴를 돌 때마다 무엇을 느꼈는지가 중요합니다.
아무 생각 없이 반복하는 것은 성장이 아닙니다.
매 순환마다 발견하는 아주 작은 차이가 내 삶의 질을 바꿉니다.

일단 가볍게 시작하고
매일 한 줄이라도 기록하며
나만의 리듬을 이어가세요

루프는 절대 멈추지 않게 완벽히 지키는 것이 아니라,
언제든 다시 '기분 좋게 돌아올 수 있게' 만드는 것입니다.

PART

3

Life Engineering

10대의 새로운 성장 시스템, 라이프엔지니어링

10대의 방황은 의지의 문제가 아니라 '운용 경험의 부족'에서 비롯된다. 주어진 목표를 수행할 뿐, 스스로를 조정해 본 경험이 부족하기 때문이다. 라이프엔지니어링은 입시를 대신하는 전략이 아니라, 자신을 잃지 않게 하는 삶의 기본 구조다.

3부 핵심 | **실천**

▶ **진단** : 데이터를 통해 자신을 읽기

▶ **설계** : 작은 실험으로 성장 루프 작동

▶ **갱신** : 실패를 데이터로 전환하는 기술

제 7 장

입시 중심 사회의 한계를 극복할 10대의 자기 성장 시스템

>>> 입시 중심 사회의 한계: 성장의 프레임이 무너집니다

한국의 교육은 여전히 입시를 중심으로 움직이고 있습니다. 아이들이 배우는 이유, 부모가 불안해하는 이유, 학교가 움직이는 방향이 모두 '좋은 대학 입학'이라는 한 점으로 수렴됩니다. 초등학생이 '내신'이라는 단어를 알고, 중학생이 이미 '내신 경쟁'을 준비하며, 고등학생은 시험이 끝나자마자 다음 시험을 대비하는 무한 반복 속에서 살아갑니다. "지금 놀면 대학 못 간다"는 말은 단순한 조언이 아니라, 한국 사회가 10대에게 내리는 무언의 명령에 가깝습니다.

이 구조 속에서 성장의 의미는 점점 왜곡됩니다. 아이들은 '왜 배우는지'를 잃고, '비교의 피로' 속에 갇힙니다. 부모는 '뒤처질까 봐' 불안하고, 아이는 '기대에 못 미칠까 봐' 두렵습니다. 그 결과 교육은 성장을 돕는 과정이 아니라, 불안을 재생산하는 구조가 되어 가고 있습니다.

이 불안은 숫자로도 드러납니다. 2024년 기준, 한국의 초·중·고 사교육비 총액은 전년 대비 7.7% 증가한 29조 2천억 원에 이르며, 사교육 참여율은 전년도보다 1.5% 증가해 80%에 달합니다.[1] 학생 수가 줄어드는데도 사교육비는 해마다 최고치를 경신하고 있습니다. 이는 단순한 소비 증가가 아니라, 불안이 구조화된 지출입니다. 불안은 경제 영역을 넘어 정서 영역으로 확산됩니다. 국가데이터처가 발간한 『아동·청소년 삶의 질 2025』 보고서에 따르면, 2023년 아동·청소년 자살률은 인구 10만 명당 3.9명으로 조사되었으며, 이는 2000년 통계 작성을 시작한 이후 가장 높은 수치입니다. 중·고교생 10명 중 4명은 일상에서 강한 스트레스를 체감하고 있고, 청소년이 느끼는 '삶의 만족도' 역시 OECD 34개국 가운데 최하위권입니다.[2]

잠이 부족하고, 웃음이 줄고, 스스로를 신뢰하지 못하는 세대가 자라고 있습니다. 우리 사회는 물질적 풍요에도 불구하고, OECD 국가 중 자살률이 가장 높은 국가이며, 특히 청소년·청년층 자살률이 "가장 높거나 매우 높은 수준"으로 분류되는 심각한 상황입니다.[3]

이러한 문제는 10대의 노력이 부족해서가 아니라 시스템의 문제입니다. 지금의 교육 구조는 아이의 호기심보다 정답을, 실험보다 효율을, 과정보다 결과를 우선시합니다. 그 안에서 '성장'은 '경쟁에서 이기는 능력'으로 축소되고, '학습'은 '점수를 올리는 기술'로 전락합니다. 결국 공부는 자신을 확장하는 여정이 아니라, 타인과 자신을 끊임없이 비교하는 '피로한 과정'이 됩니다. 지금까지는 이 입시 중심 프레임이 어느 정도 유효했습니다. 산업화 시대에는 대학이 곧 기회의 문이었고, 좋은 대학은 좋은 직장과 안정된 삶으로 이어지는 비교적 명확한 경로였습니다.

그러나 이제는 대학 간판 하나로 평생의 경쟁력을 보장받을 수 없습니다. '직업'보다 '직능', 즉 어떤 문제를 정의하고 해결할 수 있는가의 능력이 더 중요해지고 있습니다. 이 능력은 시험 점수로 측정되지 않습니다. 자신의 관심과 강점을 진단하고, 성장을 설계하며, 실패를 피드백으로 전환할 줄 아는 자기 설계형 성장 시스템 속에서 길러집니다.

모두가 알고 있듯, 입시는 인생의 일부이지 전부가 아닙니다. 그것은 하나의 통과의례일 뿐입니다. 문제는 우리가 그 문 앞에서 너무 오래 머물며 준비하고 있다는 점입니다. 대학에 들어가는 순간 인생이 완성된 것처럼 착각하지만, 그 이후의 삶이 훨씬 더 길고 복잡합니다. 입시는 한 시기의 성취를 보여줄 뿐, 그 이후의 '학습하는 인간', '성장하는 인간'을 보장해 주지 않습니다. 핵심은 '입시를 폐지하자'는 것이 아닙니다. 입시 중심에서 성장 중심으로 전환하자는 것입니다.

입시 중심 프레임에서 실패는 낙인이 되지만, 성장 중심 시스템에서의 실패는 데이터입니다. 시험을 망쳐도, 관계에서 좌절해도, 그 경험을 분석하고 다시 설계하면 다음 루프를 위한 자원이 됩니다. 이것이 바로 성장의 프레임입니다. 성장의 프레임이 작동하기 시작하면 아이의 인식 구조가 바뀌고, 그에 따라 가정과 학교의 학습 문화도 바뀝니다. 성공이 아니라 성장을 목표로 삼는 10대의 학습은, 입시를 넘어 인생 전체를 설계하는 힘으로 이어집니다.

>>> 성장의 출발은 데이터를 통한 자기 이해

모든 성장은 나를 이해하는 데서 시작됩니다. 그러나 대부분의 10대는 "나는 어떤 사람인가?"라는 질문에 쉽게 답하지 못합니다. 좋아하는 과목이나 하고 싶은 일은 떠올릴 수 있지만, 언제 에너지가 높아지는지, 어떤 상황에서 집중이 흐트러지는지, 무엇을 할 때 시간 가는 줄 모르는지를 묻는다면 잠시 멈칫하게 됩니다.

라이프엔지니어링의 첫 단계는 바로 이 추상적인 '감(感)'을 관찰 가능한 데이터와 기록으로 바꾸는 일입니다. 즉, 감정·시간·에너지·관계·성과·환경의 흐름을 관찰하고 기록하는 습관을 만드는 것입니다. 이 데이터는 시험 점수나 출석률처럼 외부에서 평가되는 수치가 아닙니다. 오히려 한 사람의 삶의 리듬을 보여주는 내면의 로그$_{log}$이자, 성장 시스템이 어떻게 작동하고 있는지를 보여주는 지도에 가깝습니다.

자기 이해는 단순한 자기소개가 아니라, 자기 내면을 데이터처럼 읽어내는 능력입니다. 집중 시간, 피로도, 감정의 변화, 관계의 질, 수면의 패턴, 성취감을 느끼는 순간 등 모든 것이 나를 설명하는 언어가 됩니다. 예를 들어 어떤 학생이 2시간 동안 공부했지만 40분마다 집중이 끊긴다면, 이를 의지력의 문제로 해석하기보다 에너지 흐름에 대한 데이터로 볼 수 있습니다. 아이가 특정 과목에서 불안감이 높게 나타난다면, 그 난이도, 학습 방식, 공부 환경, 감정적 경험 등 더 복잡한 상관관계가 작용하고 있다는 신호입니다.

이처럼 자신을 데이터로 바라보는 눈을 갖게 되면, 막연한 감정은 근거 있는 통찰로 바뀝니다. 이때 부모와 교사의 역할은 이 데이터를 판단의 근거가 아니라 해석의 실마리로 읽는 것입니다. 아이의 피로와 무기력을 게으름으로 규정하는 대신, "에너지가 떨어졌다는 신호구나"라고 받아들이면 해결 방향이 달라집니다. 데이터는 꾸짖음의 근거가 아니라 변화의 단서입니다. 부모나 교사가 "왜 이렇게 못하니?" 대신 "이건 어떤 패턴일까?"라고 묻는 순간, 대화는 비난에서 성찰로, 압박에서 탐구로 이동합니다.

다만 여기서 한 가지 짚고 넘어갈 점이 있습니다. 데이터가 삶의 전부를 보여줄 수는 없다는 사실입니다. 세계는 물성을 지닌 공간이고, 인간은 몸을 통해 세계를 느낍니다. 손으로 쓰고, 읽고, 생각을 정리하며 남는 손끝의 감각, 공책 위에 스스로 구조를 그려보는 경험, 말로 설명되지 않는 불편함이나 막연한 불안감 등은 모두 숫자로 정리하기는 어렵습니다. 흐릿하고 불균질한 경험을 견디는 과정 역시 10대에게 중요한 배움입니다. 이책에서 말하는 데이터는 그런 경험을 지우는 도구가 아니라, 그 경험을 이해하기 위한 또 하나의 창입니다.

라이프엔지니어링에서 다루는 데이터는 단순한 숫자가 아니라, 행동·감정·환경의 패턴을 함께 포착하는 기록입니다. 이를 통해 아이는 "나는 이런 사람이다"라는 고정된 정의가 아니라, "나는 지금 이런 상태에 있고, 이렇게 변해 가고 있다"는 열린 자기설계 인식을 갖게 됩니다. 신경과학자 그레고리 번스Gregory Berns는 『The Self Delusion』에서 "정체성은 고정된 실체가 아니라, 경험과 선택 속에서 계속 새롭게 쓰이는 이야기"라고 말합니다.[4] 이러한 데이터 기반 자기 이해를 라이프엔지니어링에서는 자기설계 인식이라고 부릅니다. 보통 '자기 이해'나 '자기 인식'은 "나는 어떤 사람인가?", "지금 나는 어떤 기분인가?"처럼 감정이나 성격 등 특성에 초점을 맞춥니다. 하지만 자기설계 인식은 그보다 한 단계 더 나아가, 나를 관찰하며 나의 작동 패턴을 파악합니다. 즉 나를 판단하고 평가하는 대상이 아니라 스스로 조정 가능한 시스템으로 보는 관점입니다.

① 10대에게 중요한 데이터는 무엇인가?

10대가 자신의 패턴을 이해하기 위해 스스로, 혹은 부모·교사와 함께 관찰하면 좋은 핵심 데이터가 있습니다.

이러한 데이터는 거창한 기술 없이도 수집할 수 있습니다. 하루를 마칠 때 5분만 투자해 노트나 휴대폰 메모에 "오늘 가장 집중한 시간 / 가장 지친 순간 / 즐거웠던 활동"을 적는 것부터 시작하면 충분합니다. 이 작은 기록들이 쌓이면 나만의 패턴 분석 자료가 됩니다.

〈표〉 10대에게 필요한 6가지 핵심 데이터

데이터 영역	관찰 포인트	활용 예시
㉠ 시간 데이터 (Time Log)	공부·휴식·디지털 사용 시간 / 집중 시간	하루의 에너지 흐름 파악. 예: 오후 3~5시 집중 저하 → 학습 대신 산책·운동 배치.
㉡ 에너지 데이터 (Energy Log)	활력이 높은 시간대 / 무기력한 시간대	'최적 시간대(Chronotype)' 파악. 예: 아침형/저녁형 맞춤 루틴 설계.
㉢ 감정 데이터 (Emotion Log)	감정 반응 – 대인 관계, 활동, 학습내용 (흥미·지루·불안·즐거움)	감정–학습 상관 파악. 예: 불안한 과목은 짧게 끊어 공부, 즐거운 활동은 동기 강화용.
㉣ 관계 데이터 (Social Log)	친구/가족/교사와의 대화 빈도와 질	정서 안정 지표. 예: 대화 단절 시, 심리적 고립 경보로 인식.
㉤ 성취 데이터 (Achievement Log)	목표 완료 경험 (학습, 운동, 취미 등)	자기효능감의 근거 데이터. '긍정적 경험 목록'으로 사용.
㉥ 환경 데이터 (Environment Log)	장소·소음·조명·온도 등 물리적 환경	집중을 돕는 환경 구성. 예: 음악 유무, 조명 밝기, 공부 공간 변화 등 실험.

이 데이터를 볼 때 가장 중요한 태도는 판단하지 않는 것입니다. '좋다/나쁘다', '잘했다/못했다'가 아니라, 어떻게 작동했는가를 바라보는 것입니다. 예를 들어 "유튜브를 너무 오래 봤다"는 자책 대신, "10분 정도 보니 긴장이 풀리고 웃음이 늘었다"라고 읽으면, 그 안에서 나의 회복 패턴이 보입니다.

이때 아이는 죄책감이 아니라 통찰을 얻게 됩니다. 성장은 의지에서 시작되지 않습니다. 관찰에서 시작됩니다. 그리고 그 관찰이 데이터가 될 때, 비로소 자기 성장 시스템이 작동하기 시작합니다.

② AI와 함께하는 자기 이해: 'AI 코치'의 활용

10대는 자신의 학습 습관이나 생활 패턴을 객관적으로 파악하는 데 아직 익숙하지 않습니다. "나는 열심히 공부했는데 왜 성적이 오르지 않을까?"라고 묻지만, 실제로는 같은 유형의 문제를 반복해서 틀리고 있거나, 집중 시간이 짧을 수 있습니다. 이러한 부분은 본인도 잘 인식하지 못하고, 부모나 교사 역시 일상에서 모두 확인하기 어렵습니다.

AI 코치는 바로 이 보이지 않는 패턴을 데이터로 드러내는 역할을 합니다. 감각과 추측이 아니라, 객관적 근거를 통해 아이가 스스로를 이해하도록 돕습니다.[5] AI는 자기성찰의 파트너이자 데이터 분석가이며, 학습 코치가 될 수 있습니다. 이미 많은 10대가 스마트워치, 학습 앱, 노트 앱, AI 챗봇 등을 사용하고 있습니다. 이 도구들을 의식적으로 활용하면, AI는 단순한 기기가 아니라 '나의 성장 파트너'가 됩니다.

〈표〉 AI와 함께할 수 있는 구체적 협력 방법

협력 영역	활용 방식	AI의 역할
㉠ 학습 데이터 분석	학습 앱(예: 콴다, 노타빌리티, 노션 등)을 이용해 문제풀이 시간·오답률 추적	"이 단원에서는 속도는 빠른데 정확도가 떨어진다." → 학습 루틴 조정 피드백
㉡ 감정·에너지 모니터링	웨어러블 기기로 수면·심박수·활동량 추적	"수면 6시간 이하일 때 집중도 20% 하락" → 루틴 조정 제안
㉢ 일정·습관 관리	AI 일정 도우미 (예: Google Assistant, ChatGPT, Notion AI 등)	학습 계획 자동 리마인드, 루틴화 지원
㉣ 자기성찰 코치	AI 챗봇에 하루 감정이나 고민 대화	"오늘 느낀 불안의 원인은 무엇일까?" "감정과 행동 패턴을 요약해줄까?"
㉤ 성장 트래킹	주간 단위로 AI에게 요약 요청	"이번 주 학습 집중 시간은 평균 1.8시간 늘었다. 다음 주 목표는?"

AI 코치는 크게 두 가지 방식으로 작동합니다.

㉠ 생활 패턴 분석

- 웨어러블 기기(스마트워치, 밴드 등)가 수면 시간, 심박수, 활동량을 기록합니다.

- 이 데이터를 바탕으로 "어제는 수면의 질이 낮았으니, 오늘은 공부 시간을 줄이고 가벼운 과제를 먼저 하자"와 같은 맞춤형 조언을 제공합니다.
- 즉, 몸의 상태를 근거로 학습 효율을 조정하는 가이드 역할을 합니다.

ⓛ 학습 패턴 분석

- 학습 앱은 아이가 푼 문제 유형, 소요 시간, 자주 틀리는 영역을 기록합니다.
- 예를 들어 "너는 영어 단어보다 문법 문제에서 더 자주 막힌다"와 같은 구체적인 피드백을 제공합니다.
- 점수 자체보다 어디에서 막히는지를 알려주기 때문에, 다음 학습 전략을 세우는 데 도움이 됩니다.

이처럼 10대는 데이터와의 대화를 통해 자신의 삶을 수치화하고 시각화하는 감각을 배웁니다. AI는 사용자의 패턴을 기억하고, 그 데이터를 토대로 맞춤형 제안을 합니다. 다만 중요한 전제가 있습니다. AI의 분석은 참고 자료이지, 최종 판단이 아닙니다. AI는 이미 수집된 데이터에 기반해 작동하기 때문에 편향이 있을 수 있고, 중요한 맥락을 놓칠 수도 있습니다. 때로는 '가이드'라는 형식으로 위험한 선택을 부추길 가능성도 있습니다. 따라서 AI의 조언을 그대로 따르기보다, 아이의 감정과 경험, 현재 상황을 함께 고려해 부모나 교사가 점검하는 과정이 필요합니다.

AI 코치는 데이터를 제공합니다. 그러나 그 데이터를 어떻게 받아들이고 활용할지는 대화를 통해 해석되어야 합니다.

예를 들어, "앱에서 이런 결과가 나왔는데, 네 생각은 어때?"

"오늘은 수면 패턴 때문에 집중이 어려운 것 같으니, 가벼운 공부부터 해볼까?"와 같이 함께 읽고 조정합니다.

이렇게 부모나 교사가 AI와 데이터를 함께 해석해 줄 때, 아이는 "나는 게으르다"라는 자기 비난 대신, "나는 이런 패턴을 가진 사람이니, 이렇게 바꿀 수 있다"라는 자기 인식을 갖게 됩니다. 이는 10대가 스스로를 부정적으로 단정하지 않고, 구체적인 패턴 이해를 바탕으로 자신을 개선할 수 있는 힘을 기르게 합니다.

부모나 교사가 데이터 기반 자기 이해를 아이에게 강요할 필요는 없습니다. 대신 다음과 같은 동반자 역할을 할 수 있습니다.

- **자녀(제자)와 함께 에너지 프로파일 작성하기**: "오늘 하루 중 가장 집중이 잘 된 시간은 언제였니?"라고 묻고 기록을 돕습니다.
- **강점 찾기 대화하기**: 시험 점수보다 "이번에 네가 재미있게 몰입했던 활동은 무엇이었니?"를 묻습니다.
- **라이프 저널 함께 쓰기**: 부모나 교사도 간단한 하루 기록을 하며 아이와 공유합니다.
- **AI 코치 함께 활용하기**: 앱에서 나온 결과를 보며 "이 결과가 네가 느낀 것과 비슷하니?"라고 대화를 나눕니다.

이러한 과정을 통해 데이터는 단순한 기록을 넘어, 부모와 자녀, 교사와 제자가 함께 나누는 대화의 시작점이 되고, 그 대화는 자기 인식의 언어가 됩니다. 데이터 기반 진단과 자기 이해는 10대가 스스로를 객관적으로 바라보고, 변화하는 자신을 긍정적으로 수용하도록 돕습니다. 이는 기존의 고정된 진로 탐색을 넘어, 유연하고 실천 가능한 자기 설계로 이어지며, 결국 "나는 더 나아질 수 있는 존재"라는 자기 서사를 만들어 갈 수 있습니다.

③ 데이터가 만드는 자기 인식의 3단계

데이터 기반의 자기 이해는 단순한 습관이 아니라, 의식의 변화 과정입니다. 10대의 자기 인식 수준은 세 단계를 거쳐 깊어집니다.

〈표〉 자기 인식 수준의 3단계

단계	설명	부모의 질문 예시
1단계. 관찰하기 (Observe)	하루의 감정·시간·집중 패턴을 관찰	"오늘 가장 집중된 순간은 언제였을까?"
2단계. 연결하기 (Connect)	"왜 이런 패턴이 생겼는지" 원인 찾기	"그때 뭐가 달랐을까? 장소나 시간대?"
3단계. 재설계하기 (Redesign)	데이터를 기반으로 루틴·환경·학습 방법 조정	"그럼 다음엔 어떤 실험을 해볼까?"

이 세 단계를 반복하는 것이 자기 성장 루프의 시작입니다. 관찰은 인식의 첫걸음이고, 연결은 통찰이며, 재설계는 실제 변화로 이어지는 단계입니다.

④ 부모나 교사가 던질 수 있는 데이터 코칭 질문 7가지

아이에게 던지는 질문 하나가, 스스로를 이해하는 출발점이 될 수 있으므로 결과를 묻기보다, 일정 기간의 패턴을 함께 살피는 대화가 필요합니다. 다음의 일곱 가지 질문은 부모와 교사가 일상 속에서 활용할 수 있는 '데이터 코칭'의 예시입니다. 대답을 잘하게 만드는 것이 목적이 아니라, 아이가 자기 리듬을 발견하도록 돕는 것이 목표입니다.

㉠ 이번 주에 네가 가장 집중했던 시간대는 언제였나요?

㉡ 공부할 때 에너지가 가장 높았던 요일이나 과목은 무엇이었나요?

㉢ 기분이 좋았던 활동은 무엇이었나요? 그 활동이 왜 좋았을까요?

㉣ 요즘 피곤하거나 의욕이 떨어질 때는 언제인가요?

㉤ 그 상태가 잠이나 수면 시간과 관련이 있을까요?

㉥ 이번 주 데이터 중에서 가장 바꾸고 싶은 부분은 무엇인가요?

㉦ 그럼, 다음 주에는 무엇을 실험해 보고 싶나요?

이러한 질문들은 아이를 '평가받는 학생'이 아니라, '자기 삶의 설계자'로 세웁니다. 부모와 교사는 감독자나 평가자가 아니라 데이터 코치가 되고, AI는 분석 파트너, 아이는 자기 성장의 엔지니어가 됩니다.

⑤ 하루 5분의 짧은 워크시트 — 부모·교사와 청소년 공용

항목	기록
오늘 가장 집중된 시간대는 언제였나?	
오늘의 감정 키워드 3개	
오늘 몰입했던 활동과 그 이유는?	
오늘 에너지가 떨어졌던 순간	
내일 시도해 보고 싶은 미세 조정 1가지	

이와 같은 간단한 기록이 반복되면, 그 안에서 한 사람의 삶의 리듬이 드러나고, 개인만의 성장 지도가 만들어집니다. 데이터는 차가운 숫자가 아닙니다. 그것은 성장의 흔적이며, 자신을 이해하는 또 하나의 언어입니다. 10대가 자기 데이터를 읽을 수 있게 되면, 비교의 불안 대신 조정의 기술을 배우게 됩니다. 그리고 그 순간, 성장은 더 이상 추상적인 목표가 아니라 하루의 기록 속에서 작동하는 시스템이 됩니다.

이와 같이 라이프엔지니어링의 핵심은 '느낌으로 사는 인생'에서 '데이터로 성장하는 인생'으로의 전환입니다. 데이터는 아이를 감정의 파도에서 꺼내, 현실적인 선택과 자기 조정의 세계로 이끕니다. AI가 이 데이터를 함께 분석하고, 부모와 교사가 그 결과를 따뜻하게 해석하며, 아이가 그 안에서 자신을 재설계하는 순간, 그것이 바로 데이터 기반의 자기 이해이며, 10대 성장 시스템의 첫 번째이자 가장 강력한 기둥입니다.

>>> 10대의 자기 설계형 성장 시스템 (Self-Engineering Growth System)

라이프엔지니어링은 모든 세대에 적용되는 삶의 기술이지만, 10대에게는 그 의미가 더욱 특별합니다. 성인은 이미 자신의 일, 관계, 환경 속에서 시스템을 어느 정도 조정할 수 있지만, 10대는 아직 자신이 어떤 시스템 속에서 살아가고 있는지조차 분명히 인식하지 못하는 경우가 많습니다. 그래

서 10대에게 라이프엔지니어링은 결과를 바꾸는 기술이 아니라, 삶이 어떻게 작동하는지를 배우는 훈련입니다. 다시 말해, 자신을 설계하고, 실행하고, 조정할 수 있는 자기 설계형 성장 시스템을 만드는 일입니다.

이 시스템은 라이프엔지니어링이 말하는 '삶 전체의 설계와 갱신'이라는 구조를 따르지만, 10대 버전은 훨씬 더 일상적이고, 훈련 중심적이며, 실행 가능한 단위로 구성할 필요가 있습니다. 공부·관계·감정·습관을 통합적으로 다루는 작고 반복 가능한 루프가 10대의 하루, 한 주, 한 달을 움직입니다. 이 루프가 반복될수록, 성장은 의지가 아니라 시스템의 결과가 됩니다.

① 방향과 진단 — 나의 반응을 깨우는 첫 질문

10대의 성장 루프는 "지금 나는 무엇이 궁금한가?"라는 작고 현실적인 질문에서 시작됩니다. 성인에게 방향은 '가치'를 기준으로 세워지지만, 10대에게 방향은 호기심과 탐색의 과정 속에서 서서히 형성됩니다. 10대는 '가치를 지켜야 할 시기'라기보다, 가치를 발견해 가는 시기이기 때문입니다. 그래서 라이프엔지니어링의 첫 질문도 달라집니다. "나는 무엇을 해야 하나?"보다 "나는 무엇에 반응하고 하는가?", "왜 중요한가?"보다 "무엇이 나를 움직이게 하는가?"가 먼저입니다.

이런 질문들이 쌓일수록, 10대의 삶은 타인의 기준이 아니라 자기 호기심의 지도 위에서 움직이기 시작합니다. 방향은 이미 정해진 답이 아니라, 질문을 따라가며 만들어지는 과정입니다.

② 설계와 루틴 — 자연스럽게 하게 되는 흐름

설계는 "잘해야지"라는 결심이 아니라, "언제·어디서·어떻게"의 형태로 의지를 대신해 나를 움직이게 하는 구조입니다. 인간의 뇌는 반복 가능한 패턴 안에서 안정감을 느낍니다. 작심삼일이 반복되는 이유는 의지의 문제가 아니라, 시스템이 없기 때문입니다. 좋은 설계는 "해야 한다"는 결심이 아니라, '자연스럽게 하게 되는 흐름'을 만들고, 의미를 구조로 바꾸게 됩니다.

일반 라이프엔지니어링이 '프로젝트 단위의 설계'라면, 10대의 설계는 '생활 단위의 루틴'입니다. 성인은 루틴을 효율의 도구로 사용하지만, 10대는 루틴을 리듬의 안전망으로 사용합니다. 이를 위해서는 하루 시간표를 관리하기보다, 언제 집중이 잘 되고, 언제 쉬어야 하는지를 관찰하는 것이 먼저입니다. 그 데이터를 바탕으로 '집중 루틴', '회복 루틴', '정리 루틴' 같은 작은 구조를 만듭니다. 10대의 루프는 '많이 하는 법'을 배우는 것이 아니라, 지속할 수 있는 법을 배우는 과정입니다. 작은 루틴의 지속은 곧 자존감의 기초가 됩니다.

③ 실행과 적용 — 서툴러도 한 걸음

실행은 완벽함보다 움직임의 지속성을 중시합니다. 하나의 루프를 돌리며 스스로의 방식을 검증해 나가는 과정 자체가 곧 성장입니다. 어떤 영역이든 '작은 실험'을 통해 자신을 이해하기 시작하는 순간, 삶은 더 이상 수동적으로 주어지는 과제가 아니라 스스로 조정 가능한 시스템으로 전환됩니다.

성인은 실행을 주로 '성과 달성'의 관점에서 평가하지만, 10대에게 실행은 '패턴 학습'의 과정입니다. 10대는 성인보다 실패 경험에 더 민감하기 때문에, '완벽하게 해내는 것'보다 한 걸음이라도 시도하는 것이 훨씬 중요합니다. 공부, 운동, 관계, 취미 등 어떤 영역이든 처음부터 완벽할 수는 없습니다. 그러나 "오늘은 이 방법을 시험해볼까?"라는 가벼운 시도 하나가 새로운 루프를 만듭니다. 이처럼 작은 실행은 뇌의 도파민 회로를 자극하여 동기를 높이고, '해봤다'라는 경험이 쌓일수록 다음 행동의 문턱을 낮춥니다. 그 결과, 행동은 점점 의지의 산물이 아니라 구조의 결과가 됩니다. 10대의 실행과 적용은 '의무'가 아니라 탐험이며, 동시에 실험입니다.

④ 피드백과 점검 — 실패를 성장의 밑거름으로

성장의 속도보다 더 중요한 것은 점검의 습관입니다. 많은 사람들이 공부 시간을 늘리면 더 좋은 결과가 나올 것이라 생각하지만, 실제로 성장의 차이는 '얼마나 오래 했는가'보다 얼마나 자주 되돌아보는가에서 만들어집니다.

성인은 피드백을 '성과 리뷰'로 하지만, 10대에게 피드백은 '정서 회복의 기술'입니다. 이는 스스로를 평가하고 단정하는 과정이 아니라, 나의 시스템을 관찰하며 "무엇이 나에게 맞는가?"를 찾아가는 과정입니다. 하루를 마칠 때, "오늘 무엇이 잘 안됐을까?"라고 묻기보다, "오늘 어떤 실험을 했고, 무엇을 배웠을까?"라고 기록해 봅니다. 오늘의 루틴이 얼마나 작동했는지, 무엇이 방해가 되었는지를 데이터처럼 관찰하고 기록하면, 자책하기보다 자신을 이해하고 조정하는 방법을 배우게 됩니다. 이 경험을 반복할수록 아이는 성공도 데이터, 실패도 데이터일 뿐임을 체감하게 됩니다. 그리고 실패는 더 이상 두려움의 대상이 아니라, 다음 설계를 위한 성장의 재료가 됩니다.

⑤ 재설계와 조정 — 어제보다 나은 나

재설계는 '다시 시작'이 아니라 '다시 조정'입니다. 환경과 컨디션, 관계가 바뀌면 시스템도 새롭게 설계되어야 합니다. 어제의 계획이 오늘 맞지 않는다면, '왜 어긋났는가'를 살펴보고 다음 루프를 가볍게 다시 그리면 됩니다. 이러한 유연함이 라이프엔지니어링의 핵심입니다.

10대에게 재설계는 "그만둔다"가 아니라, "다르게 해본다"입니다. "이제 알겠다"는 순간보다 "이번엔 이렇게 해볼까?"가 더 큰 성장의 신호입니다. 삶의 루프를 다시 짜보는 경험을 통해 아이들은 '끈기'보다 더 중요한 '성장'을 체감합니다. 이 감각을 익힌 아이는 환경이 변해도 스스로를 다시 세울 수 있으며, 이러한 유연함을 배우면 성인이 되어서도 회복력이 유지됩니다. 이 힘이 바로 자기 설계형 성장 시스템의 핵심입니다. 그렇게 루프는 다시 회전하며, 아이의 시스템은 한 번씩 더 업그레이드됩니다.

⑥ 루프의 생활화 — 한 뼘씩 자라는 나

자기 설계형 성장 시스템은 거창한 계획이 아닙니다. 하루의 작은 루프를 설계하고, 그것을 반복하며 자신만의 성장 구조를 만들어가는 과정입니다.

성인은 시스템을 '관리'하지만, 10대는 시스템을 몸으로 배우는 시기에 있습니다. 그래서 루프는 설명으로 이해시키기보다, 생활 속 실험을 통해 익히게 하는 것이 중요합니다.

〈표〉 10대 라이프엔지니어링의 실천적 특징

구분	일반 라이프엔지니어링	10대의 라이프엔지니어링
목적	삶의 방향과 시스템 재설계	자기 운영 능력의 훈련과 체화
초점	일·가치·관계의 통합	학습·정체성·관계의 통합
실행 단위	프로젝트·경력·목표	하루·주간·습관 단위
도구	자기분석·피드백 시스템	워크시트·루프 일지·질문 루틴
부모·교사 역할	코치 또는 피드백 동반자	관찰자이자 해석자, 질문 파트너
성취 기준	변화된 성과	반복 가능한 성장 루프

이와 같이 10대 라이프엔지니어링의 자기 설계형 성장 시스템은 "결과를 위한 공부법"이 아니라, 나를 설계하고 운영하는 법을 배우는 성장 시스템입니다. 이 루프가 작동하는 한, 점수는 오르내릴 수 있어도 성장의 구조는 흔들리지 않습니다.

>>> 10대의 성장을 위한 6개의 영역과 24가지 요소

라이프엔지니어링의 핵심은 삶을 하나의 시스템처럼 설계하고, 의미 있는 방향으로 에너지를 운용하며, 변화에 맞춰 자신을 지속적으로 업그레이드하는 기술입니다. 이 시스템을 구성하는 기반이 바로 삶의 6대 영역과 24가지 성취 요소입니다.

6대 영역은 5장에서 살펴본 것처럼 인간이 평생을 두고 오르내리며 설계하고 다듬어야 할 생활 무대입니다. 정체성과 방향성, 건강과 에너지, 학습과 성장, 관계와 연결, 기여와 실현, 자원과 지속 가능성의 여섯 영역은 인생의 어느 한 시기에만 필요한 요소가 아니라, 모든 세대가 반복하며 순환하는 삶의 시스템입니다.

특히 10대에게 이 여섯 영역은 '입시나 진로를 위한 경쟁의 장'이 아니라, 자신의 삶을 스스로 설계하고 돌보는 여섯 개의 성장 영역으로 작동합니다. 이 생활 무대 위에서 10대는 스스로의 방향을 세우고(정체성), 몸과 마음의 리듬을 관리하며(건강), 배움의 루프를 설계하고(학습), 타인과 연결되고(관계), 세상 속에서 의미를 만들어내며(기여), 자원을 관리하고 순환시켜(지속 가능성) 자기만의 성장 시스템을 완성해 갑니다.

각 영역은 다시 4개의 작동 요소로 구성됩니다. 이를 합쳐 '10대의 성장을 위한 24개 성취 요소'라 부릅니다. 이 요소들은 단순한 역량 목록이 아니라, 삶의 구조를 성장의 언어로 번역한 설계도입니다. 다시 말해, 학교 성적이나 스펙으로 측정되지 않는 내적 성장의 기술과 감각을 구체화한 지도라고 할 수 있습니다.

24가지 요소는 성장 영역의 엔진처럼 작동하며, 자기설계 인식 → 건강한 에너지 → 배움 → 관계 → 기여 → 균형이라는 흐름 속에서 순환합니다.

각 요소는 서로 연결되어 하나의 순환 시스템을 이루고, 10대가 방향·진단 → 설계·루틴 → 실행·적용 → 피드백·점검 → 재설계·조정의 생애 루프 안에서 성장하도록 돕습니다.

따라서 10대에게 '24개 성취 요소'는 다음과 같은 역할을 합니다.

- **진단의 기준**: 지금 나의 삶에서 어떤 영역이 강하고, 어떤 영역이 약한지를 파악합니다.

- **설계의 재료**: 나의 루프 안에서 어떤 요소를 강화하거나 조정할지를 결정합니다.
- **성장의 이정표**: 결과보다 과정을 중심으로 나의 변화를 추적합니다.

이제 각 영역과 요소가 어떻게 10대의 성장 루프 속에서 작동하며, 일상과 어떻게 연결되는지를 하나씩 살펴보겠습니다.

〈표〉 10대 성장을 위한 라이프엔지니어링의 6대 영역별 24개 성취 요소

영역	요소	개념 정의
(1) 정체성과 방향성 (Identity & Direction)	① 자기설계 인식 (Self-design Awareness)	나를 설계 가능한 시스템으로 바라보는 능력
	② 유연한 정체성 (Flexible Identity)	변화 속에서 계속 진화하는 자아의 감각
	③ 가치와 목적 (Values & Purpose)	내적 기준으로 삶의 방향을 정하는 감각
	④ 비전 설계력 (Vision Design)	미래를 인식하며 장기적 방향을 기획하고 조정하는 능력
(2) 건강과 에너지 (Health & Energy)	⑤ 신체적 균형 (Physical Balance)	신체 리듬을 조절하고 건강 습관을 시스템화하는 능력
	⑥ 회복탄력성 (Resilience)	실패를 성장의 기회로 바꾸며 다시 일어서는 힘
	⑦ 감정 조절력 (Emotional Regulation)	감정을 인식하고 건강하게 다루는 능력
	⑧ 에너지 운용력 (Energy Management)	집중·몰입·휴식을 균형 있게 설계하는 힘
(3) 학습과 성장 (Learning & Growth)	⑨ 성장 마인드셋 (Growth Mindset)	'지속적인 발전'을 중시하며 배움을 설계하는 태도
	⑩ 자기주도 학습력 (Self-directed Learning)	목표 설정, 방법 탐색, 피드백을 스스로 관리하는 학습 능력
	⑪ 탐구와 호기심 (Curiosity & Inquiry)	질문을 만들고 지식을 탐색하는 힘
	⑫ 창의적 문제해결력 (Creative Problem Solving)	새로운 방식으로 문제를 바라보고, 해결하는 능력

영역	요소	개념 정의
(4) 관계와 연결 (Relationship & Connection)	⑬ 공감과 존중 (Empathy & Respect)	타인을 이해하고 다름을 받아들이는 태도
	⑭ 소통과 협력 (Communication & Collaboration)	대화, 협업, 경청으로 함께 성과를 만드는 기술
	⑮ 연결 설계력 (Connection Design)	관계망을 이해하고, 의미 있는 연결을 설계·확장하는 능력
	⑯ 관계적 책임감 (Relational Responsibility)	신뢰·약속·배려를 지키며 관계를 성장시키는 태도
(5) 기여와 실현 (Contribution & Realization)	⑰ 자기활력감 (Self-agency)	스스로 선택하고 행동을 시작할 수 있는 주도성
	⑱ 리더십과 실행력 (Leadership & Initiative)	상황을 주도하고 변화를 만드는 실행 능력
	⑲ 기여와 나눔 (Contribution & Sharing)	자신의 자원과 능력을 사회에 순환시키는 힘
	⑳ 의미 기반 성취 (Meaningful Achievement)	과정과 성장에 의미를 두고 성취를 경험하는 능력.
(6) 자원과 지속 가능성 (Resources & Sustainability)	㉑ 시간 설계력 (Time Design)	일정을 주도적으로 설계하고 조율하는 힘
	㉒ 재정 리터러시 (Financial Literacy)	돈의 흐름을 이해하고 균형있게 사용하는 감각
	㉓ 지속 가능한 사고 (Sustainability Mindset)	자원을 순환적 관점에서 바라보고 운영하는 사고
	㉔ 균형 설계력 (Balance Design)	삶의 여러 영역을 통합해 균형 있게 운영하는 능력

(1) 정체성과 방향성(Identity & Direction)

– 나는 누구이며, 어떤 방향으로 나아가는가?

정체성과 방향성은 삶을 설계할 때 가장 먼저 짚어야 할 기준점입니다.
10대에게 정체성이란 이미 완성된 자아라기보다, 매일 조금씩 조정되고
설계되어 가는 실험의 장에 가깝습니다. 이 영역에서 10대는 "그때그때 기

분"에 따라 흔들리는 상태를 넘어, 나를 어떻게 이해할 것인지, 어떤 가치를 중심에 둘 것인지, 그리고 앞으로 무엇을 향해 걸어갈 것인지를 스스로 정리해 갑니다.

이는 단순히 "나는 어떤 사람인가"를 묻는 것이 아니라, 나는 어떤 방향으로 나아가는 사람인가를 묻는 과정입니다. 라이프엔지니어링에서 정체성과 방향성은 결과가 아니라, 끊임없이 업데이트되는 설계 과정입니다.

① 자기설계 인식 Self-design Awareness

라이프엔지니어링에서 말하는 자기설계 인식이란,
나는 어떤 방식으로 작동하는 사람인가를 관찰하고, 그 방식을 스스로 조정할 수 있다는 관점입니다.
보통 자기 이해는 "나는 외향적이야", "나는 성격이 급해"처럼 성격이나 감정에 대한 평가에서 멈춥니다. 그러나 자기설계 인식은 여기서 한 발 더 나아가, 언제 집중이 잘 되는지, 어떤 상황에서 에너지가 빠지는지, 무엇이 나의 의욕을 꺼뜨리는지와 같은 작동 패턴을 관찰합니다. 이때 나는 더 이상 '문제 많은 나'가 아니라, '데이터를 보며 조정할 수 있는 나'가 됩니다.

자기설계 인식은 다음의 네 가지 요소가 맞물려 작동하며, 자기 자신을 하나의 시스템으로 다루게 합니다.

첫째, 자기관찰력은 나의 감정·에너지·집중 상태를 한 발 떨어져서 바라보는 힘입니다. "나는 원래 집중력이 약해"가 아니라, "나는 오후 두 시쯤 집중이 떨어지는 패턴이 있네"라고 말할 수 있을 때, 감정적 자기비판은 데이터 기반 인식으로 바뀝니다.

둘째, 자기조정력은 알아낸 패턴을 바탕으로 생활을 조금씩 조정하는 힘입니다. 컨디션이 나쁜 날에는 계획을 줄이고, 집중이 떨어지는 시간대에는 짧은 산책이나 스트레칭을 넣는 행동이 여기에 해당합니다. 이때 아이는 무너졌다가 아니라, 지금 다시 정비 중이라는 감각을 갖게 됩니다.

셋째, 설계 의식은 하루와 일상을 주어진 스케줄이 아니라, 내가 설계할 수 있는 구조로 바라보는 태도입니다. 공부·휴식·디지털 사용 시간을 하나의 시스템으로 보고, 그 균형을 맞추려는 시각이 설계 의식입니다.

넷째, 성장책임감은 변화와 성장을 남이 아닌 나의 책임 영역으로 받아들이는 마음가짐입니다. 환경 탓에 머무르지 않고, 이 시스템을 조정하는 일은 내 몫이라고 생각할 때, 성장 루프는 비로소 지속성을 갖습니다.

이 네 가지가 함께 작동할 때, 아이는
"나는 내 삶의 엔지니어가 될 수 있다"는 감각을 갖게 됩니다. 삶을 기분이나 우연이 아니라, 루프와 패턴으로 이해하기 시작합니다.

[왜 필요한가]
10대는 감정의 기복이 크고, 자신을 감정적으로 판단하기 쉽습니다. 자기설계 인식은 난 왜 이래?라는 자기 비난을, 나는 이런 패턴이 있구나라는 이해의 언어로 바꿔 줍니다.

[적용]
매일 5분, 짧게 나의 에너지 로그를 기록하거나 집중이 떨어진 시간대를 관찰합니다.
예를 들어 오늘 가장 몰입했던 시간/가장 지쳤던 순간/감정 변화의 원인을 기록합니다.

[사례]
한 학생이 매일 컨디션을 기록하다가 오후 2~4시에 집중이 뚝 떨어진다는 패턴을 발견했습니다. 이 시간에 산책과 스트레칭을 넣자 피로감이 줄고 공부 효율이 높아졌습니다. 자신을 탓하는 대신, 자신의 시스템을 설계한 작은 실험이었습니다.

② **유연한 정체성**Flexible Identity

유연한 정체성이란 "나는 원래 이런 사람이야"에서 멈추지 않고, "지금의 나는 임시 버전이며, 앞으로도 계속 바뀔 수 있다"고 바라보는 태도입니다. 과거에는 정체성이 직업이나 역할, 즉 "나는 ○○ 회사 사람이다", "나는 ○○ 학교 학생이다"와 같이 소속에 묶여 있는 경우가 많았습니다. 그러나 이제는 직업 그 자체보다, 왜 이 일을 하는지, 어떤 방식으로 세상과 연결되고 싶은지가 정체성의 중심축이 됩니다.[6]

라이프엔지니어링에서 정체성은 단단하게 고정된 틀이 아니라, 시간 속에서 조금씩 써 내려가는 삶의 이야기 구조에 가깝습니다. 제롬 브루너 Jerome Bruner는 인간이 스스로를 하나의 이야기로 이해하는 존재라고 보았습니다.[7] 대니얼 맥애덤스는 이를 내러티브 정체성이라 부르며, 우리가 삶의 사건들을 엮어 나만의 이야기를 만들어 가는 과정이라고 설명합니다.[8] 이야기로서의 정체성은 완성본이 아닙니다. 언제든 다음 장을 새로 쓸 수 있는 초안입니다.

유연한 정체성은 다음의 세 가지 힘으로 작동합니다.

첫째, 서사적 인식은 내 삶의 이야기를 제3자의 시선으로 바라보며, "이 경험은 내 이야기 속에서 어떤 장면일까?"를 묻는 힘입니다.
둘째, 해석적 유연성은 실패와 상처를 "그때의 나는 이런 한계를 가지고 있었구나"라는 배움의 맥락으로 다시 해석하는 능력입니다.
셋째, 재설계 실행력은 생각만 바꾸는 데 그치지 않고, 새롭게 정의한 나다움에 맞게 행동과 선택을 조금씩 바꾸는 힘입니다.

10대 시기에 이 감각을 익히면, 변화와 실패를 '나라는 이야기의 다음 장을 써 내려가는 과정'으로 받아들이기 쉬워집니다.

[왜 필요한가]

지금의 시대에는 한 가지 정체성만으로는 버티기 어렵습니다. 자신을 고정된 존재가 아니라, 업그레이드 가능한 존재로 이해할 때 회복탄력성과 적응력이 함께 자랍니다.

[적용]

노트에 "지금의 나는 임시 버전이다"라는 문장을 적습니다. 한 달 뒤, "지난 한 달 동안 내가 조금 달라진 점 3가지"를 다시 써 봅니다.

[사례]

자신은 예술에 소질이 없다고 단정해 오던 한 학생이 우연히 시작한 도예에서 예상외의 몰입을 경험했습니다. 그는 서툼을 재능 부족이 아니라, 처음이기 때문에 겪는 자연스러운 과정으로 해석했습니다. 그때부터 "나는 손으로 만드는 일을 좋아할지도 모른다"는 새로운 자기 이야기를 써 내려가기 시작했습니다.

③ 가치와 목적 Values & Purpose

가치는 "나는 무엇을 중요하게 여기는가?"에 대한 답이며, 목적은 "그 가치를 어떤 방향으로 움직이고 싶은가?"에 대한 답입니다.

10대에게 가치의 발견은 "나는 왜 이걸 하고 싶은가?"라는 질문에서 시작됩니다. 이 질문에 대한 답이 선명해질수록 공부·관계·활동은 '해야 해서 하는 일'에서 '의미가 있어서 하는 일'로 바뀝니다. 예를 들어, "공부를 잘해야 한다"는 목표는 쉽게 지치지만, "세상을 더 깊이 이해하고 싶다"는 목적은 오래 가는 에너지가 됩니다. 목적은 결과를 위한 목표가 아니라, 과정을 지속시키는 내적 엔진이 됩니다.

라이프엔지니어링에서 가치와 목적은 다음의 세 가지 층위로 작동합니다.

첫째, 의미의 방향은 내가 어떤 이유로 움직이고, 무엇을 위해 성장하는가를 묻는 수준입니다.

둘째, 행동의 기준은 선택의 순간마다 "이 선택이 내가 중요하게 여기는 것과 맞는가?"를 점검하는 과정입니다.

셋째, 에너지의 루프는 가치를 행동으로, 행동을 경험으로, 경험을 다시 가치로 연결시키는 순환 구조입니다.

이 구조가 자리를 잡으면 삶은 '잠깐 반짝이는 동기부여'가 아니라, 지속되는 의미의 루프 안에서 움직이며 성장하게 됩니다.

[왜 필요한가]

입시 중심 문화 속에서 많은 10대는 "왜 공부하는가?"라는 질문을 잃어버리기 쉽습니다. 이유가 사라진 노력은 쉽게 지칩니다. 반대로 이유가 있는 목표는 피로를 버티게 하는 에너지가 됩니다.

[적용]

매주 루프의 시작에 "이번 주 내가 집중하고 싶은 이유"를 한 줄로 적습니다. 예를 들어 "수학 점수" 대신, "논리적으로 생각하는 힘을 기르고 싶어서"라고 적어 봅니다.

[사례]

"나는 점수를 올리기 위해서가 아니라, 문제해결력을 키우기 위해 공부한다"고 정의한 학생은 시험으로 인한 스트레스보다, 문제를 이해하는 과정에 더 집중하게 되었습니다.

④ 비전 설계력 Vision Design

비전 설계력은 불확실한 미래 속에서도, 나에게 중요한 방향을 구체화하고 계속 다듬어 가는 능력입니다. 여기서 말하는 비전은 "10년 뒤에 무엇이 될 것인가?"라는 직업 목록이 아닙니다. 오히려 "무엇이 나를 움직이고, 그 방향이 앞으로 어떤 모습으로 자라면 좋을까?"를 계속 묻는 과정에 가깝습니다.

10대에게 비전은 한 번 정하면 끝나는 최종 목적지가 아니라, 탐색 → 정렬 → 갱신이 반복되는 과정입니다. 탐색은 다양한 경험을 해보며, 내가 어디에서 흥미와 의미를 느끼는지를 찾아보는 단계입니다. 정렬은 내가 중요하게 여기는 것, 지금 하고 있는 활동, 앞으로의 목표가 서로 어긋나지 않도록 맞추는 과정입니다. 갱신은 환경이 바뀌거나 내가 성장하면서, 비전을 주기적으로 점검하고 조금씩 수정해 가는 작업입니다.

이러한 과정이 반복될 때 비전은 단단하지만 유연한 구조가 됩니다. 외부의 유행이나 평가에 잠시 흔들리더라도, "나는 어떤 방향을 중요하게 여기는 사람인가"라는 기본 축으로 다시 돌아올 수 있습니다. 결국 비전 설계력은 미래를 막연히 예측하는 능력이 아니라, 미래를 조금씩 구성해 가는 기술에 가깝습니다.

[왜 필요한가]
불확실한 시대에는 정확한 목표보다, 잃지 않을 방향이 중요합니다. 비전은 변화 속에서도 나의 이유를 잃지 않도록 도와줍니다.

[적용]
"1년 뒤, 나의 하루는 어떤 모습일까?"를 주제로 잡지 사진, 글, 그림 등을 활용해 비전 보드를 만듭니다. 완성본이 아니라, 매달 조금씩 고쳐 가는 초안으로 둡니다.

[사례]
비전 보드를 만들며 자신의 흥미가 사람을 돕는 일과 혼자 연구하는 시간에 있음을 알아차린 학생은, 전공 선택에 대한 불안이 줄어들고 "내 비전은 탐구하며 사람을 돕는 삶 쪽이구나"라는 자기 확신을 조금씩 쌓아갔습니다.

<표> 정체성과 방향성 영역의 성취 요소

요소	정의	아이가 익히는 기술	실천 힌트
① 자기설계 인식	나를 설계 가능한 시스템으로 바라보는 능력	감정·행동·패턴을 관찰하고 의미를 해석하는 능력	하루 5분, 감정·집중·활력 기록하기
② 유연한 정체성	변화 속에서 계속 진화하는 자아의 감각	실패·변화를 의미 단위로 재해석하는 기술	"오늘 나에게 새로 생긴 점 1가지" 적기
③ 가치와 목적	내적 기준으로 삶의 방향을 정하는 감각	선택의 기준을 '가치'에서 찾는 정렬 능력	"지금 이 행동은 어떤 가치 때문인가?" 질문하기
④ 비전 설계력	미래를 인식하며 장기적 방향을 기획하고 조정하는 능력	장기 목표를 이미지·언어·행동으로 연결하는 기술	3년 뒤 나에게 편지 쓰기

'정체성과 방향성' 영역에서 아이는 자신을 관찰하고(①), 변화 속에서도 자신을 다시 세우며(②), 내적 이유를 중심에 두고(③), 스스로의 길을 설계한다(④). 정체성과 방향성의 영역을 설계한 아이는, 외부의 평가에 흔들리지 않고 자신만의 기준으로 삶을 설계·운영할 수 있습니다. 이때부터 자기설계형 성장 시스템이 작동하기 시작합니다.

(2) 건강과 에너지(Health & Energy)
– "삶의 엔진을 설계하고 회복시키는 기술"

'건강과 에너지'는 삶을 움직이는 엔진의 영역입니다. 몸은 모든 성장 루프를 지탱하는 기반 시스템이며, 이 영역은 "나의 에너지가 어떻게 만들어지고, 언제 소모되며, 어떻게 회복되는가?"를 이해하고 설계하는 기술에 관한 것입니다.

10대는 성장의 속도가 빠른 만큼 에너지의 소모도 큽니다. 학교와 학원, 디지털 환경, 관계의 부담 속에서 몸과 마음의 균형은 쉽게 흔들립니다. 따라서 이 영역의 목표는 단순히 '버티는 힘'을 기르는 것이 아니라, '회복을 설계하는 감각'을 기르는 데 있습니다. 자신의 신체 리듬과 감정의 흐름을 살피고, 스트레스를 건강하게 다루며, 집중과 휴식의 균형을 조절하는 법을 배우는 것, 이것이 10대 라이프엔지니어링에서 말하는 '삶의 엔진 관리 기술'입니다.

⑤ 신체적 균형 Physical Balance

신체적 균형은 몸의 리듬을 이해하고, 일상 속에서 안정적인 에너지를 유지하는 능력입니다. 이는 단순히 체력을 키우거나 건강 수치를 관리하는 문제가 아닙니다. 수면·식습관·신체 활동·회복을 하나의 루프로 보고, 몸이 보내는 신호에 맞게 스스로 조율해 가는 과정에 가깝습니다. 몸은 매일 피로·졸림·긴장·허기·통증과 같은 신호를 보냅니다. 이 신호는 조금 속도를 바꿔 달라거나, 지금은 회복이 필요하다는 요청에 가깝습니다. 신체적 균형이란 이러한 신호를 참고 버티는 것이 아니라, 읽고 반응하는 감각입니다.

10대의 몸은 빠르게 성장하는 시기에 있습니다. 키와 체형, 근력과 지구력, 생체 리듬이 동시에 형성되지만, 이를 조절하는 능력은 아직 완성되지 않았습니다. 수면 시간이 들쭉날쭉해지고, 하루 활동량이 크게 달라지며, 에너지 사용과 회복이 쉽게 어긋납니다. 이 시기에 몸을 관리해야 할 대상이 아니라, 앞으로의 삶을 함께 움직여 줄 기반으로 바라보는 경험이 중요합니다. 신체적 균형은 지금의 컨디션을 넘어서, 하고 싶은 일을 오래 지속할 수 있는 체력과 에너지를 만드는 토대이기 때문입니다.

특히 최근의 10대는 신체 활동이 부족해지기 쉬운 환경에 놓여 있습니다. 학업과 디지털 사용 시간이 늘어나면서 움직이는 시간이 줄고, 체력이 떨어져 피로가 쉽게 쌓입니다. 이때 필요한 것은 무리한 운동 목표가 아니라, 몸을 쓰는 경험을 일상에 다시 연결하는 감각입니다. 규칙적인 신체 활동은 기본적인 체형과 체력을 만들어 가는 출발점이 되며, 동시에 집중력과 감정 안정, 회복력을 지탱하는 에너지의 원천이 됩니다.

신체적 균형은 다음의 네 가지 축으로 다룰 수 있습니다.

첫째, 수면 리듬은 일정한 취침과 기상 패턴을 통해 성장기 몸의 회복과 재충전을 돕는 기반입니다.

둘째, 영양 루프는 양보다 질과 타이밍을 고려하며 나에게 맞는 식사 습관을 설계하는 기술입니다.

셋째, 활동 리듬은 공부·운동·일상 활동의 강도를 조절해 에너지가 한쪽으로 쏠리지 않도록 하는 조정력입니다.

넷째, 회복 시스템은 스트레칭, 산책, 샤워, 호흡과 같이 나에게 맞는 회복 루틴을 만들어 루프를 닫아 주는 과정입니다.

신체가 균형을 이룰 때, 공부와 감정, 관계 등 모든 생활을 떠받치는 에너지 플랫폼이 됩니다. 피로를 이상 신호로 보고 구조를 점검하는 사람과, 그저 의지로 버티는 사람의 성장 곡선은 시간이 지날수록 달라질 수밖에 없습니다. 10대의 신체적 균형은 앞으로의 삶을 움직일 기본 체력과 리듬을 형성하는 시기적 과제입니다.

[왜 필요한가]

신체 리듬이 무너지면 감정 기복이 커지고, 집중력과 학습 의욕이 쉽게 떨어집니다. 신체적 균형은 하고 싶은 것을 실제로 해낼 수 있게 만드는 실행력의 기반입니다.

[적용]

수면 루틴 점검표를 만들어 봅니다. "취침 시각 / 잠들기 전 스크린 사용 시간 / 기상 후 첫 행동"을 기록합니다. 그다음 주부터 세 항목 중 하나씩 바꾸어 실험합니다.

[사례]

한 학생이 아침 첫 식사 시간을 일정하게 유지하기와 하교 후 15분 걷기를 2주 동안 실험했습니다. 그 결과 오전 중 허기짐과 집중력 저하가 줄었고, 몸을 쓰는 시간이 늘면서 기초 체력이 높아졌습니다.

⑥ **회복탄력성**Resilience

회복탄력성은 넘어졌을 때 다시 일어설 수 있는 회복의 힘입니다. 누구에게나 실패와 갈등, 예기치 못한 변수로 인해 일상이 무너지는 순간이 찾아옵니다. 회복탄력성은 그 순간 "여기서 끝났다"가 아니라, "여기서부터 다시 정리해 보자"로 시선을 전환하게 해 주는 능력입니다. 이는 타고난 멘탈의 강도라기보다, 상황을 바라보고 해석하는 기술에 가깝습니다. 시험을 망쳤다는 같은 사건이라도, "나는 역시 안 돼"라고 해석하면 성장 루프는 닫힙니다. 반대로 "이번 공부 방법이 나와 잘 안 맞았구나"라고 받아들이면, 그 경험은 다음 설계를 위한 데이터가 됩니다.

라이프엔지니어링에서 회복탄력성은 루프를 다시 돌릴 수 있는 능력이라는 점에서 핵심 에너지입니다. 불확실성과 변화가 많은 시대에, 한 번의 실패로 완전히 멈추느냐, 잠시 흔들렸다가 다시 정렬하느냐는 결국 이 힘의 차이에서 갈립니다.

[왜 필요한가]
10대 시기는 시험과 비교, 관계 스트레스가 반복되는 시기입니다. 실패를 극복하지 못하면 자신감이 무너지고, 다시 시작하기가 어려워집니다. 회복탄력성은 자기 성장 루프로 돌아오는 출입구입니다.

[적용]
실패 노트를 만들고, "오늘 힘들었던 일 / 여기서 배운 점 / 다음에 바꿔 볼 것 한 가지"를 짧게 적습니다. 실수를 숨기기보다 기록하는 습관이 회복의 출발점이 됩니다.

[사례]
중간고사에서 목표 점수를 놓친 한 학생은 "시험 전날 수면 4시간, 아침 식사 거름"을 기록했습니다. 이후 다음 시험에서는 수면과 식사를 우선적으로 조정했습니다. 성적도 올랐지만, 무엇보다 "실패에도 조정 가능한 요소가 있구나"라는 감각을 얻었습니다.

감정 조절력은 감정을 억누르는 힘이 아니라, 감정을 알아차리고 이해하며 다루는 힘입니다. 우리는 종종 "감정을 참아야 한다"고 배워 왔지만, 감정은 통제해야 할 '적'이 아니라 내면에서 감지되는 '단서'입니다. 짜증은 피로의 신호일 수 있고, 무기력은 회복이 필요하다는 알림일 수 있으며, 불안은 준비 부족이나 방향의 불명확성을 알려 주는 경고일 수 있습니다.

감정 조절력은 이러한 단서를 읽어내는 데서 시작됩니다. "나는 화를 참았다"는 표현은 감정을 눌러 둔 상태를 말하지만, "나는 지금 불안을 느끼고 있구나"라고 말하는 순간 감정은 구체적인 정보가 됩니다. 이렇게 감정에 이름을 붙이고, 이유를 찾아보고, 나에게 맞는 방식으로 흘려보낼 수 있을 때 감정은 나를 휘두르는 힘이 아니라, 상태를 조정하는 데 도움을 주는 데이터가 됩니다.

라이프엔지니어링에서 감정은 에너지 루프의 중요한 센서입니다. 감정이 거칠어질 때는 에너지, 휴식, 관계, 방향 중 어딘가가 틀어졌다는 신호인 경우가 많습니다.

감정 조절력은 보통 세 단계로 작동합니다.
첫째, 인식은 "지금 나는 어떤 감정을 느끼고 있는가?"를 알아차리고 이름을 붙이는 단계입니다.
둘째, 해석은 "이 감정은 무엇 때문에 생겼을까?", "어떤 필요가 채워지지 않아서일까?"를 살펴보는 과정입니다.
셋째, 전환은 감정을 억누르지 않으면서 건강하게 흐르게 하는 기술입니다. 운동, 글쓰기, 음악, 대화, 호흡과 같이 자신에게 맞는 전환 방법을 찾는 일이 여기에 포함됩니다.

이 세 단계가 익숙해지면 감정은 더 이상 루프를 망가뜨리는 변수가 아니라, 지금 나의 상태를 점검하게 해 주는 피드백 장치가 됩니다.

⑧ 에너지 운용력 Energy Management

에너지 운용력은 하루의 에너지를 언제, 어디에, 어떻게 쓸지를 설계하는 능력입니다. 많은 10대가 피로와 무기력을 "내 의지가 약해서"라고 생각하지만, 실제로는 에너지를 한쪽에 몰아 쓰고 제대로 회복하지 못한 결과인 경우가 많습니다. 에너지는 무한하지 않습니다. 한정된 에너지를 중요한 일, 반복되는 일, 신경이 많이 쓰이는 일 사이에 어떻게 나눌 것인지를 결정하는 것이 곧 에너지 운용입니다.

에너지 운용력은 더 오래 버티는 힘이 아니라, 더 현명하게 쓰는 기술에 가깝습니다. 시간·집중력·주의력·감정은 모두 자원입니다. 이 자원을 아무 때나 아무 곳에나 쓰면 금방 바닥이 나지만, 나에게 에너지가 많이 남아 있는 시간대와 금방 소모되는 시간대를 알고, 어려운 일과 쉬운 일을 적절히 섞어 배치하면 같은 노력으로도 훨씬 덜 지치고 더 많이 배울 수 있습니다.

라이프엔지니어링에서 에너지는 루프를 움직이는 연료이자 상태를 알려

주는 지표입니다. 집중만 계속하면 번아웃이 오고, 쉬기만 하면 성장 루프가 돌지 않습니다.

에너지 운용력은 보통 다음의 네 단계로 정리할 수 있습니다.

첫째, 인식은 하루 동안 언제 에너지가 가장 높고 낮은지, 어떤 일을 할 때 가장 지치는지를 관찰하는 단계입니다.

둘째, 배분은 중요한 일, 꼭 해야 하는 일, 좋아하지만 에너지를 많이 쓰는 일을 구분해 우선순위와 시간을 정하는 과정입니다.

셋째, 전환은 한 활동에서 다른 활동으로 넘어갈 때 짧은 숨 고르기, 스트레칭, 자리 이동 등을 통해 에너지의 흐름을 부드럽게 바꾸는 기술입니다.

넷째, 회복은 수면, 휴식, 취미, 멍 때리기 등을 통해 에너지를 다시 채우는 루틴을 만드는 과정입니다.

이렇게 에너지를 운용하게 되면, '열심히 하는데 지치는 사람'이 아니라, '꾸준히 성장할 수 있는 사람'이 됩니다.

[왜 필요한가]
에너지를 어떻게 쓰는지 모르면 결국 번아웃과 무기력으로 이어집니다. 10대 때부터 에너지를 설계하는 감각을 익히면, 일상의 피로를 관리할 수 있습니다.

[적용]
하루를 2시간 단위로 나누어 각 시간대의 집중도(1~5점)와 피로도(1~5점)를 간단히 표시해 봅니다. 일주일 뒤 가장 집중이 잘 되는 시간대를 찾아, 어려운 과목이나 중요한 일을 배치합니다.

[사례]
자신이 오후형 인간임을 발견한 한 학생은 공부 루틴을 오후 3~7시로 옮기고, 오전에는 산책과 가벼운 독서를 넣었습니다. 그 결과 집중이 이어지는 시간이 늘고, 밤늦게까지 억지로 공부하던 패턴에서 벗어날 수 있었습니다.

〈표〉 건강과 에너지 영역의 성취 요소

요소	정의	아이가 익히는 기술	실천 힌트
⑤ 신체적 균형	신체 리듬을 조절하고 건강 습관 시스템화하는 능력	신체 신호를 감지하고 리듬을 조정하는 능력	주 3회 20분 걷기 + 수면 기록
⑥ 회복 탄력성	실패를 성장의 기회로 바꾸며 다시 일어서는 힘	실패·갈등을 데이터로 전환하는 능력	"오늘의 회복 순간" 1줄 기록
⑦ 감정 조절력	감정을 인식하고 건강하게 다루는 능력	감정 명명·표현·전환 기술	감정 로그 (감정–상황–대처법) 작성
⑧ 에너지 운용력	집중·몰입·휴식을 균형 있게 설계하는 힘	하루 흐름을 설계하고 회복 루프를 운영하는 능력	40분 집중 후 10분 회복 루틴 실험

건강과 에너지 영역은 몸의 리듬을 이해하고(⑤), 실패를 회복의 기회로 바꾸며(⑥), 감정을 신호로 해석하고(⑦), 집중과 회복의 흐름을 조율함으로써(⑧) 삶의 엔진을 효율적으로 작동하게 합니다. 이 능력은 에너지를 의지로 버티는 것이 아니라, 설계로 관리하게 만드는 기초가 됩니다. 건강과 에너지가 제자리를 찾을 때, 아이의 하루는 지치지 않는 성장 루프로 바뀝니다.

(3) 학습과 성장(Learning & Growth)
–"삶을 통해 배우고, 배움을 통해 자신을 확장하는 힘"

학습과 성장은 스스로를 계속 업데이트하는 영역입니다. 여기서 말하는 학습은 단순히 성적을 올리는 기술이 아니라, 세상을 이해하고 그 과정에서 나 자신을 조금씩 바꾸는 루프를 설계하는 일입니다.

지식은 많이 쌓는다고 저절로 깊어지지 않습니다. 연결하고, 사용하고, 다시 고쳐 볼 때 비로소 내 것이 됩니다. 이 영역은 10대가 스스로 학습 루프를 만들고, 작은 실험을 반복하며 자기 시스템을 업그레이드하도록 돕습니다. 성장은 목표가 아니라 루프를 돌린 결과이며, 학습은 그 루프를 움직이는 엔진입니다.

⑨ **성장 마인드셋** Growth Mindset

성장 마인드셋은 "나는 계속 배우고 바뀔 수 있다"는 전제를 받아들이는 태도입니다. "나는 원래 이런 사람이야"라는 말 속에는 멈춤이 들어 있습니다. 반대로 "나는 아직 배우는 중이야"라고 말하는 순간, 같은 실수도 다음 설계를 위한 출발점이 됩니다. 스탠퍼드대학교 심리학자 캐럴 드웩 Carol Dweck은 성장 마인드셋을 노력과 실험이 능력을 확장시킨다는 믿음이라고 설명합니다.[9] 성장 마인드셋은 단순히 긍정적인 마음가짐이 아니라, 실패를 바라보는 구조를 바꾸는 사고방식입니다.

이 태도는 다음의 다섯 가지 흐름으로 이어집니다.

첫째, 지금 내 수준과 한계를 솔직하게 바라보는 자기 이해입니다.
둘째, 타고난 재능보다 반복과 연습이 성장을 만든다는 노력에 대한 신념입니다.
셋째, 결과만이 아니라 과정에서 얻는 배움에 주목하는 과정 중심의 태도입니다.
넷째, 실수나 지적, 평가를 수정 정보로 받아들이는 피드백 수용력입니다.
다섯째, 실패의 가능성을 알면서도 새로운 시도를 해보는 도전 행동력입니다.

삶은 한 번에 완벽해지는 직선이 아니라, 진단-실험-피드백-재설계를 반복하며 조금씩 수정되는 곡선의 과정입니다. 성장 마인드셋을 가진 사람에게 변화는 위협이 아니라 배움의 일부가 됩니다.

[왜 필요한가]

고정 마인드셋은 작은 실패도 자신에 대한 평가로 받아들이게 만듭니다. 성장 마인드셋은 같은 상황을 도전과 실험의 기회로 바라보며, 회복탄력성과 자기주도성을 함께 키워 줍니다.

[적용]
하루의 마지막에 '오늘 내가 새롭게 배운 점 하나'를 적어 봅니다. 점수나 평가가 아니라, 발견을 기록하는 습관이 중요합니다.

[사례]
영어 단어 시험에서 자주 틀리던 한 학생은 오답을 실패 목록이 아니라, 업그레이드할 단어 리스트로 보기 시작했습니다. 그 결과 부담감이 줄고, 같은 시간에 더 오래 기억하게 되었습니다.

⑩ 자기주도 학습력 Self-directed Learning

자기주도 학습력은 시켜서 하는 공부에서, 내가 이유를 알고 선택한 공부로 옮겨 가는 힘입니다. 이는 혼자 공부할 수 있다는 뜻만이 아니라, 배움의 방향·속도·방법을 스스로 설계하고 조정하는 능력입니다.

이 능력은 몇 가지 요소가 맞물릴 때 작동합니다.

첫째, 자기 인식입니다. 어떤 환경에서 집중이 잘 되는지, 어떤 방식으로 이해가 잘 되는지를 아는 것부터 시작합니다.

둘째, 목표 설정 능력입니다. 누가 시켜서가 아니라, 나는 왜 이걸 배우고 싶은가를 스스로 문장으로 정리하는 힘입니다.

셋째, 학습 전략 설계입니다. 하루와 한 주의 시간표를 짜는 것뿐 아니라, 과목별로 다른 방법을 써 보고, 나에게 맞는 루틴과 장소를 조합해 보는 과정입니다.

넷째, 자기 점검입니다. 계획대로 되지 않았을 때 시간 배분, 난이도, 컨디션 등 어떤 요소가 발목을 잡았는지를 살펴보는 능력입니다.

다섯째, 조정과 갱신입니다. 점검에서 얻은 정보를 바탕으로 계획을 조금씩 바꾸고, 다음 주 루프에 반영하는 실행력입니다.

10대에게 자기주도 학습력은 학교 공부에만 쓰이는 기술이 아닙니다. 이 루프를 익힌 사람은 일·관계·건강 등 삶의 다른 영역에서도 비슷한 방식으로 계획하고, 실행하고, 점검하며 자신을 업데이트할 수 있습니다.

[왜 필요한가]

학습에서 차이를 만드는 것은 의지라기보다 구조인 경우가 많습니다. 자기주도 학습은 학원이나 과제 같은 외부 통제가 줄어들어도, 스스로 루틴을 설계할 수 있게 합니다.

[적용]

주 1회 학습 루프 점검표를 작성해 봅니다. '지난주에 잘된 점 / 어려웠던 점 / 다음 주에 바꾸고 싶은 점 / 구체적인 실험 한 가지'를 적습니다.

[사례]

한 학생이 일요일 저녁마다 점검표를 작성하며, "계획은 많지만 실행이 부족하다"는 패턴을 발견했습니다. 이후 하루 목표를 5개에서 2개로 줄이고, 완료 표시를 하는 방식으로 바꾸자 꾸준함이 생기고 자신감도 함께 올라갔습니다.

⑪ 탐구와 호기심 Curiosity & Inquiry

탐구심과 호기심은 정답보다 "왜?"를 먼저 떠올리는 힘입니다. 모든 배움의 시작점은 답이 아니라 질문입니다. "왜 그럴까?", "이건 어떻게 작동하지?", "다른 방식으로 하면 어떤 결과가 나올까?"라는 질문이 생기는 순간, 정보는 외워야 할 내용이 아니라 내가 직접 다루고 싶은 대상으로 바뀝니다. AI가 대부분의 답을 빠르게 보여 주는 시대일수록, 인간의 경쟁력은 답을 많이 아는 데 있지 않고, 질문을 만들고 확장하는 능력에 있습니다. 호기심은 재미있다/재미없다의 문제가 아니라, 세상과 자신을 연결하려는 태도입니다. 이 태도를 가진 사람은 교과서의 문장보다 그 뒤에 있는 원리를 보려고 하며, 숙제를 '해야 할 일'뿐 아니라 '이해할 기회'로도 바라봅니다.

라이프엔지니어링에서 호기심은 학습 루프의 시동 버튼입니다. 탐구는 성장 루프의 방향을 여는 질문이며, 피드백과 재설계 단계에서 "여기서 또 무엇이 궁금해졌지?"라는 다음 질문을 만들어 내는 에너지입니다.

호기심은 세 가지 층위에서 작동합니다.

첫째, 인지적 호기심은 사실과 원리에 대한 이해를 넓히고 싶어 하는 마음입니다.

둘째, 정서적 호기심은 새로운 것 앞에서 두려움보다 설렘이 먼저 나오는 태도입니다.

셋째, 존재적 탐구는 "나는 왜 여기서 이걸 배우고 있을까?", "나는 어떤 삶을 살고 싶을까?"를 묻는 자기 이해의 질문입니다.

이 세 층위가 함께 움직일 때, 10대의 호기심은 단순한 지적 취미를 넘어 삶을 설계하는 에너지 루프로 작동합니다. 그 결과, '정답을 빨리 찾는 능력'이 아니라 '새로운 관점을 여는 능력'이 자라납니다.

[왜 필요한가]
호기심은 뇌의 도파민 시스템을 자극해 집중력과 학습 지속력을 높여 줍니다.[10] 질문이 많을수록 배움은 덜 지겹고 더 오래 갑니다.

[적용]
하루 한 번, '오늘 나를 멈춰 세운 궁금증'을 메모합니다. 예를 들어 "왜 하늘은 파란색일까?", "왜 집중이 안 될까?"와 같은 질문 중 하나를 골라 5분만 검색하거나, 부모나 교사와 이야기해 봅니다.

[사례]
"왜 수면이 부족하면 집중이 떨어질까?"라는 질문이 떠오른 학생이 관련

영상을 찾아보고, 직접 수면 시간을 조절해 보며 변화를 기록했습니다. 이 작은 탐구를 통해 과학 과목에 대한 흥미도 함께 커졌습니다.

⑫ 창의적 문제해결력 Creative Problem Solving

창의적 문제해결력은 정답을 찾기보다, 문제를 새롭게 바라보고 다시 구성하는 능력입니다. 정보가 넘치는 시대일수록 무엇이 진짜 문제인지를 찾는 일이 먼저입니다. 그래서 문제를 다시 표현해 보고, 다른 각도에서 살펴보고, 작게 시험해 보는 과정이 창의성의 핵심이 됩니다. 10대에게 창의력은 재능이 아니라 태도입니다. 예를 들어 친구와의 갈등을 성격 차이라고 단정하기보다, "우리가 대화할 때 서로 어떤 점을 다르게 받아들이는 걸까?"라고 접근하면 해결의 범위는 크게 달라집니다.

번쩍 떠오르는 영감이 새로운 시작을 열어 줄 수는 있지만, 더 큰 변화를 만드는 것은 작게 시도하고 결과를 확인하며 다음 버전을 만들어 가는 반복입니다. 관점을 조금만 달리해도 새로운 실험 지점이 생기고, 그 실험이 쌓일수록 해결의 폭도 넓어집니다.

창의적 문제해결력은 네 단계로 나눌 수 있습니다.

첫째, 관찰은 문제 상황을 빨리 결론 내리지 않고, 여러 관점에서 천천히 살펴보는 단계입니다.

둘째, 재정의는 "진짜 문제는 무엇일까?", "이걸 다른 말로 바꿔 보면 어떨까?"를 묻고, 문제의 틀을 다시 짜는 사고의 전환입니다.

셋째, 실험은 완벽한 답을 찾으려 하기보다, 작게라도 시도해 보고 결과를 확인하는 실행력입니다.

넷째, 조정은 실험 결과를 바탕으로 다음 버전을 만드는 과정입니다. 이 네 단계는 라이프엔지니어링의 루프 구조와 그대로 이어집니다.

이 능력이 자리 잡으면 문제는 방해물이 아니라 성장의 재료가 됩니다. 실패는 "이 방식은 나와 맞지 않았다"는 정보가 되고, 창의성은 제한된 조건 속에서도 새로운 경로를 구성해 내는 힘으로 작동합니다.

[왜 필요한가]

시험 중심 교육은 정답을 빨리 찾는 능력은 키우지만, 문제를 새롭게 보는 힘은 약하게 만들기 쉽습니다. 창의적 문제해결력은 AI 시대의 핵심 생존력이며, 예측하기 어려운 상황에서 유연하게 대응하는 바탕이 됩니다.

[적용]

하루 한 가지 문제 재정의를 실천합니다.

예: "숙제가 하기 싫다" → "나는 이 숙제를 지루하게 느낀다" → "그렇다면 더 흥미로운 방식으로 해볼 수 있을까?"와 같이 문제 문장을 두세 번 바꿔 봅니다.

[사례]

학교 프로젝트에서 환경문제를 주제로 잡은 학생이 "쓰레기를 줄이자" 대신 "쓰레기를 재미있게 버리게 만들자"로 문제를 재정의했습니다. 그 결과 분리배출을 게임처럼 할 수 있는 포스터와 미션 카드를 만들며, 같은 주제를 전혀 다른 방식으로 풀어냈습니다.

〈표〉 학습과 성장 영역의 성취 요소

요소	정의	아이가 익히는 기술	실천 힌트
⑨ 성장 마인드셋	'지속적인 발전'을 중시하며 배움을 설계하는 태도	오류를 학습 정보로 해석하는 능력	"오늘 배운 오류 1개" 적기
⑩ 자기주도 학습력	목표 설정, 방법 탐색, 피드백을 스스로 관리하는 학습 능력	학습 루프 (계획-실행-피드백-재설계) 운영 기술	주간 학습 루프 작성

요소	정의	아이가 익히는 기술	실천 힌트
⑪ **탐구와 호기심**	질문을 만들고 지식을 탐색하는 힘	질문 생성·탐색·연결 능력	하루 1개 질문 기록
⑫ **창의적 문제해결력**	새로운 방식으로 문제를 바라보고, 해결하는 능력	관찰·재정의·실험·조정 사고	"반대로 하면?" 역발상 실험

'학습과 성장'은 실패를 학습의 데이터로 바라보고(⑨), 자신의 방식으로 배움을 운영하며(⑩), 세상에 질문을 던지고(⑪), 문제를 새로운 관점으로 재설계한다(⑫). 이 요소들은 공부를 '성적의 작업'이 아니라 '성장의 실험'으로 바꾸는 힘입니다. 학습과 성장이 열리면 지식은 외우는 것이 아니라 연결되고 확장되는 자산이 됩니다.

(4) 관계와 연결(Relationship & Connection)
–"신뢰의 회로를 설계하고, 함께 성장하는 기술"

관계와 연결은 사람과 사람 사이에서 자라나는 성장의 영역입니다. 10대 시기에는 가족, 친구, 학교, 온라인까지 연결의 범위가 빠르게 넓어지지만, 연결의 개수와 관계의 깊이는 서로 다릅니다. 정보와 비교가 많아질수록 오히려 사람 사이에서 피로감을 느끼기 쉽습니다. 그래서 이 영역에서 중요한 것은 관계의 양이 아니라 질입니다. 신뢰를 만들고, 갈등을 다루고, 함께 성장하는 구조를 스스로 설계하는 감각이 핵심입니다. 좋은 관계는 우연히 생기지 않습니다. 그 안에는 공감, 존중, 소통, 협력, 책임과 같은 반복되는 패턴이 있습니다. 이 패턴을 의식하게 될 때, 관계는 감정의 소모가 아니라 서로를 키우는 시스템이 됩니다.

⑬ 공감과 존중 Empathy & Respect

공감과 존중은 모든 관계를 움직이는 기본 언어입니다. 공감은 상대의 감정과 입장을 이해해 보려는 태도이며, 존중은 그 감정과 입장이 나와 다르더라도 존재 자체를 인정하는 태도입니다. 두 가지가 함께 있을 때 대화의 긴장은 줄고, 서로의 마음이 움직일 여지가 생깁니다.

10대의 관계는 감정의 속도와 진폭이 큽니다. 작은 말 한마디가 오래 남는 상처가 되기도 하고, SNS의 반응 하나가 하루 기분을 좌우하기도 합니다. 그래서 공감과 존중은 예의의 차원이 아니라, 자신과 타인을 동시에 보호하는 심리적 안전망에 가깝습니다.

공감과 존중은 보통 세 단계로 움직입니다.

먼저, 감지는 상대의 표정, 말투, 상황을 보고 감정을 짐작하는 단계입니다. 다음으로, 이해는 "저 입장이라면 나도 힘들었겠다"라고 생각해 보는 단계입니다. 마지막으로, 수용은 "그렇게 느끼는구나"라고 말해 주며 감정을 인정하는 단계입니다. 타인을 존중할 줄 아는 사람만이 자기 감정을 억누르지 않고, 건강하게 다룰 수 있습니다. 이는 감정의 균형과 관계의 지속 가능성을 함께 만들어 냅니다.

결국 공감과 존중은 '관계의 설계력'입니다. 이는 타인을 변화시키는 힘이 아니라, 서로의 에너지를 순환시키는 구조적 사고입니다. 이 감각을 가진 사람은 관계 속에서도 자신을 잃지 않으며, 타인과의 연결 속에서 자신을 성장시킬 수 있습니다.

[왜 필요한가]

공감과 존중이 부족하면 작은 갈등도 쉽게 확대되고, 관계는 피곤한 일이 됩니다. 반대로 이 두 가지가 있을 때, 서로의 다름은 관계의 자원이 됩니다.

[적용]

하루를 마칠 때 "오늘 내가 누군가의 기분을 이해해 보려고 했던 순간이 있었는지"를 떠올려 보고, 한 줄로 적어 봅니다. 없었다면 내일 한 번 시도해 볼 상황을 미리 상상해 봅니다.

[사례]

친구와 크게 다투고 멀어졌던 한 학생이 "그때 네가 화가 났던 이유를 알고 싶어"라는 말로 먼저 연락했습니다. 상대가 이유를 이야기하는 동안 끼어들지 않고 끝까지 들은 뒤, "그렇게 느꼈겠구나"라고 말해 주었습니다. 이후 두 사람의 사이는 서서히 예전의 편안함을 회복했습니다.

⑭ 소통과 협력 Communication & Collaboration

소통과 협력은 서로의 생각과 감정을 조율하고, 함께 일을 해내도록 돕는 기술입니다. 이는 말을 잘하는 능력만을 의미하지 않습니다. 상대의 말을 정확히 듣고, 내 생각을 오해 없이 전달하며, 서로의 차이를 맞춰 가는 과정 전체를 포함합니다.

팀 활동이나 프로젝트에서 생기는 많은 어려움은 소통의 부족에서 비롯됩니다. 누가 무엇을 원하는지, 어디까지 책임지는지, 무엇을 중요하게 생각하는지가 서로 다르게 이해되면 일을 할수록 갈등은 쌓이게 됩니다. 소통과 협력은 이러한 오차를 줄이는 구조를 만드는 일입니다.

소통과 협력은 다음의 세 가지 핵심 능력으로 구성됩니다.

첫째, 경청은 말보다 먼저 상대의 의도와 감정을 파악하려는 태도입니다. 중간에 끊지 않고 끝까지 듣고, 들은 내용을 정리해 되묻는 습관이 있을 때 상대는 존중받고 있다는 느낌을 받습니다.

둘째, 명료한 표현은 자신의 생각을 구조적으로 정리하고, 상대가 이해하기 쉬운 언어로 전달하는 기술입니다.

셋째, 조율은 서로의 관점과 역할, 목표를 맞추며, 차이를 유지한 채 함께 움직이는 힘입니다. 이 과정을 거치면 대화는 "누가 더 옳은가?"를 따지는 방식에서, "어떻게 함께 잘할 수 있을까?"를 찾는 방식으로 바뀝니다.

10대에게 소통과 협력은 단순한 사회적 기술이 아니라, '나 혼자'의 루프를 '우리의 루프'로 확장하는 경험입니다. 혼자서는 해결하기 어려운 문제를 함께 탐구하고, 서로의 강점을 연결하는 과정 속에서 함께 성장하는 힘이 자랍니다. 이 경험은 경쟁의 논리를 넘어, 연결의 시스템 속에서 살아가는 기술을 길러 줍니다.

[왜 필요한가]

AI는 정보를 잘 전달할 수 있지만, 사람들 사이에서 신뢰를 만들고 갈등을 조정하며 함께 기준을 세우는 일은 결국 인간의 몫입니다. 소통과 협력은 이러한 일을 해내는 가장 기초적인 능력입니다.

[적용]

팀 활동이나 모둠 과제를 할 때, 의견을 내기 전에 "내가 들은 너의 말은 이런 뜻이 맞니?"라고 한 번 정리해 확인합니다. 부정보다 인정을 먼저 표현하는 것이 협력의 기본 문법입니다.

[사례]

의견 충돌이 잦던 한 동아리에서 회의 전에 "먼저 각자의 생각을 듣고, 그 다음 공통점을 찾자"라는 규칙을 만들었습니다. 서로 말을 끊지 않고 끝까지 듣는 연습을 했고, 몇 주가 지나자 갈등은 줄고 프로젝트의 진행 속도와 결과물이 함께 좋아졌습니다.

⑮ **연결 설계력** Connection Design

연결 설계력은 내 주변의 관계망을 의식적으로 바라보고, 관계의 거리와 에너지를 스스로 조정하는 힘입니다. 우리는 가족, 친구, 선생님, 지인 등 다양한 사람들과 연결되어 있지만, 모두가 나에게 같은 영향을 주는 것은 아닙니다. 누군가는 편안함을 주고, 누군가는 나를 지치게 합니다. 연결 설계력은 이러한 차이를 인식하고, 관계를 어떤 거리에 둘지를 선택하는 능력입니다.

이 능력은 흔히 말하는 사회성과는 결이 다릅니다. 사회성이 순간적으로 잘 어울리는 기술이라면, 연결 설계력은 "어떤 관계를 가까이 두고, 어떤 관계는 거리를 둘지"를 판단하는 힘입니다. 주변 사람을 떠올리며 "이 관계는 나에게 어떤 에너지를 주고 있는가, 나는 무엇을 주고 있는가"를 정리해 보는 것만으로도 관계를 감정이 아닌 구조로 바라보는 관점이 열립니다.

연결 설계력은 다음의 네 가지 요소로 구성됩니다. 첫째, 관계 인식은 내 삶에 어떤 관계가 있는지를 목록으로 만들고, 그 속에서 나의 위치를 확인하는 단계입니다.

둘째, 관계 설계는 관계를 유지·조정·거리 두기와 같은 유형으로 나누어 바라보는 과정입니다.

셋째, 관계 조정은 유형에 따라 실제로 관계의 거리를 조절하는 실행의 기술입니다.

넷째, 관계 성장은 신뢰를 기반으로 관계를 심화시키고, 함께 성장할 수 있는 파트너십으로 발전시키는 능력입니다.

10대에게 이 기술은 중요한 시대적 생존력입니다. 학교·학원·SNS가 겹쳐 있는 환경에서 관계는 단순한 소속이 아니라, 정보와 감정, 에너지가 흐르는 통로가 됩니다. 건강한 연결망은 정서를 안정시키고, 때로는 좋은 친구 한 명이 열 가지 공부법보다 더 큰 성장을 만들어 냅니다.

[왜 필요한가]
인간의 행복과 회복탄력성은 사회적 연결감Social Connectedness과 높은 상관관계를 가집니다.[11] 연결 설계력은 이러한 연결감을 우연에 맡기지 않고, 스스로 키울 수 있게 돕는 힘입니다.

[적용]
종이에 동그라미 세 개를 그리고, 중심에 나를 적습니다. 가장 안쪽에는

자주 연락하고 마음을 나누는 사람, 중간에는 가끔 연락하는 사람, 바깥쪽에는 존중하지만 거리를 두고 싶은 사람을 적습니다. 그다음 안쪽으로 더 옮기고 싶은 사람 한 명, 거리를 조금 두고 싶은 사람 한 명을 골라 작은 행동 계획을 세웁니다.

[사례]

한 학생이 관계 지도를 그려 보면서, 가장 자주 연락하는 친구와의 대화가 끝나면 항상 불안해지는 자신을 발견했습니다. 이후 연락 빈도를 줄이고, 대신 편안함을 느끼는 친구와 함께 보내는 시간을 의도적으로 늘렸습니다. 몇 주 후, 마음이 한결 안정되었다고 느꼈습니다.

⑯ 관계적 책임감 Relational Responsibility

관계적 책임감은 약속과 신뢰를 기반으로 관계를 유지하고 성장시키는 능력입니다. 편하고 잘 맞는 느낌만으로는 관계가 오래가지 않습니다. 약속을 지키고, 서로에게 최소한의 책임을 다하려는 태도가 있을 때 관계는 안정됩니다. 이 책임감은 "나는 이 관계에 어떤 좋은 영향을 줄 수 있을까?"라는 기여적 관점 Contributive Mindset 에서 출발합니다.

10대에게 관계적 책임감은 우정을 한 단계 더 깊은 수준으로 끌어올리는 요소입니다. 약속 시간을 지키는 일, 빌린 것을 제때 돌려주는 일, 친구의 비밀을 지켜 주는 일, 힘들다는 말을 들었을 때 그냥 흘려듣지 않는 일과 같은 사소한 행동이 신뢰의 기록으로 쌓입니다. 이 기록이 쌓일수록 관계는 안정되고, 그 안정감은 사회적 자본으로 확장됩니다.

관계적 책임감은 다음의 세 가지 흐름으로 볼 수 있습니다.

첫째, 신뢰 유지는 말과 행동을 가능한 한 일치시키려는 태도입니다.

둘째, 기여적 관점은 '이 관계에서 나는 무엇을 받고만 있는지, 무엇을 돌려주고 있는지'를 돌아보는 관점입니다.

셋째, 복구는 갈등이나 오해가 생겼을 때 먼저 이야기할 용기를 내고, 잘못한 부분이 있다면 인정하고 사과하는 힘입니다.

이 세 가지가 반복될 때 관계는 단순히 오래 알고 지낸 사이를 넘어, 서로의 성장을 지지해 주는 기반으로 자라납니다.

[왜 필요한가]
신뢰가 없는 관계는 자주 불안하고 피곤해집니다. 책임감 있는 태도는 나와 상대 모두가 편안해질 수 있는 최소한의 구조를 만드는 일입니다.

[적용]
나의 신뢰 습관 두 가지를 정해 봅니다. 예를 들어 '약속 시간에 5분 먼저 도착하기', '하루에 한 번 고마운 사람에게 짧은 메시지 보내기'와 같이 간단한 행동을 고르고 한 달 동안 실천해 봅니다.

[사례]
한 학생이 매일 밤 자기 전에 친구나 가족 한 명에게 "오늘 고마웠던 일 한 가지"를 문자로 보내기로 했습니다. 처음에는 어색했지만, 몇 주가 지나자 답장이 길어지기 시작했고, 한 학기 후에는 스스로도 관계에 대한 만족감과 자신감이 커졌다고 느꼈습니다.

관계와 연결 영역은 타인을 이해하고(⑬), 함께 움직이는 소통 구조를 만들며(⑭), 자신의 관계망을 설계하고(⑮), 신뢰를 유지하며 관계를 성장시킵니다(⑯). 이 과정은 관계를 감정의 문제가 아니라 설계의 문제로 바라보게 합니다. 관계와 연결이 설계될 때, 아이는 혼자가 아닌 함께 성장하는 루프 안으로 들어가게 됩니다.

<표> 관계와 연결 영역의 성취 요소

요소	정의	아이가 익히는 기술	실천 힌트
⑬ 공감과 존중	타인을 이해하고 다름을 받아들이는 태도	감정 감지·입장 이해·수용 기술	"오늘 공감한 순간" 기록
⑭ 소통과 협력	대화, 협업, 경청으로 함께 성과를 만드는 기술	경청·명료한 표현·조율 능력	"칭찬 후 의견 말하기" 실험
⑮ 연결 설계력	관계망을 이해하고, 의미 있는 연결을 설계·확장하는 능력	관계 지도 작성·거리 조절 기술	'관계 지도' 그려보기
⑯ 관계적 책임감	신뢰·약속·배려를 지키며 관계를 성장시키는 태도	약속 일관성·기여 의식·관계 회복 기술	'매일 1명에게 감사 메시지' 보내기

(5) 기여와 실현(Contribution & Realization)

- "내 안의 에너지가 세상으로 흐를 때, 의미가 탄생한다"

기여와 실현은 자신의 성장을 세상과 연결하는 영역입니다. 여기서 말하는 기여란, 내가 가진 자원을 밖으로 순환시키는 행동을 뜻합니다. 시간, 재능, 지식, 관심이 나를 넘어 다른 사람과 공동체로 흘러갈 때, 사람은 살아 있음의 의미를 느끼게 됩니다. 그래서 기여는 타인을 위한 선행이면서 동시에, 자신의 성장 루프를 바깥세상으로 확장하는 과정입니다.

10대에게 이 영역은 성적을 넘어서는 자기실현의 통로입니다. 스스로 선택하고, 실행하고, 나누고, 그 안에서 의미를 경험할 때 비로소 배움과 관계, 성취가 하나로 연결됩니다.

⑰ 자기활력감 Self-agency

자기활력감은 '내가 내 삶을 움직일 수 있다'는 감각입니다. 이는 심리학에서 말하는 행동 주도성, 즉 내가 내린 선택이 실제 변화를 만들 수 있다는 믿음과 연결됩니다. 대부분의 10대는 하루 일정부터 학습 방식, 진로 선택에 이르기까지 삶의 중요한 결정들이 어른에 의해 정해지는 경험을 반복합니다. 이런 환경에서는 "내가 결정해도 달라지는 것은 없다"는 무력감이 쉽게 자리 잡습니다. 자기활력감은 이 틀을 깨는 작고 구체적인 성공 경험에서 시작됩니다. 스스로 세운 계획을 끝까지 해냈을 때, 친구와의 갈등을 내가 먼저 풀어냈을 때처럼, 작은 선택이 실제 변화를 만든다는 체감이 쌓이면 뇌는 "내가 움직이면 달라진다"는 회로를 강화합니다.

이 힘은 자기결정감, 효능감, 책임감이라는 세 요소로 구성됩니다. 자기결정감은 외부의 지시보다 내적 이유로 행동하려는 마음이며, 효능감은 내가 선택한 행동이 결과를 바꿀 수 있다는 믿음입니다. 책임감은 결과를 내 시스템 안에서 이해하고 조정하려는 태도를 뜻합니다. 이 세 요소가 함께 작동할 때 자기활력감은 잠깐의 의욕이 아니라, 삶을 재설계할 수 있는 지속적 에너지가 됩니다.

[왜 필요한가]
스스로 선택하고 움직인 경험이 많을수록 외부 통제보다 내적 동기가 강해집니다.[12] 뇌과학적으로도 자기결정 경험은 도파민과 세로토닌 분비를 촉진해 몰입과 정서 안정에 도움을 줍니다.[13]

[적용]
하루를 마칠 때 '오늘 내가 내 힘으로 선택한 것 한 가지'를 기록합니다. 예를 들어 '오늘 공부 순서를 내가 정했다', '친구에게 먼저 대화를 걸었다'와 같이 작고 구체적인 사례를 적습니다.

[사례]
늘 부모가 정해 준 계획에만 따라가던 한 학생이 "오늘 할 공부는 내가 정한다"는 원칙을 세웠습니다. 처음에는 혼란스러웠지만, 일주일 정도 지나자 과제 완성률이 눈에 띄게 높아지고 "내가 하면 되는구나"라는 감각이 생겼다고 느꼈습니다.

리더십은 직책이 아니라, 방향을 세우고 흐름을 만드는 힘입니다. 누군가를 통제하는 능력이 아니라, 상황을 한 걸음 떨어져 바라보고 서로 다른 사람이 가진 힘이 어디에서 연결될 수 있는지를 읽어내는 감각에 가깝습니다. 그래서 리더십은 앞에 서는 기술이 아니라, 함께 움직일 수 있는 틀과 흐름을 만들어 내는 능력입니다.

여기에 실행력이 더해질 때 리더십은 실제 변화로 이어집니다. 실행력은 누가 시키기를 기다리지 않고, 필요를 느끼면 스스로 첫 행동을 선택하는 힘입니다. 의미를 읽고, 행동의 첫 단추를 끼우며, 중간에 포기하지 않고 이어가는 과정 전체가 실행력의 범위입니다. 이는 타고난 성격이 아니라, 자기주도적으로 한 걸음 내딛는 경험을 통해 길러지는 힘입니다.

10대에게 리더십과 실행력은 '앞에 서야 한다는 부담'이 아니라, 시야를 넓혀 상황을 정리하고 연결을 만들어 팀이 앞으로 나아가도록 돕는 역할에 가깝습니다. 모둠 과제나 동아리 활동에서 진행이 막힐 때, 목표를 다시 정리하고 역할을 나누며 일정을 맞추는 행동 자체가 리더십의 연습입니다. 이때 중요한 질문은 "누가 옳은가?"가 아니라, "어떻게 하면 우리가 다시 움직일 수 있을까?"입니다.

이러한 능력이 발휘될 때, 한 사람의 움직임은 개인을 넘어 팀 전체의 변화를 이끄는 작은 출발점이 됩니다.

[왜 필요한가]

앞으로의 사회는 각자가 작은 리더십을 발휘하는 자기조직화 Self-organization 역량이 더욱 중요해집니다. 리더십과 실행력은 혼자만의 성취를 넘어, 함께 가치를 만들어 내는 힘입니다.

[적용]

작은 리더 프로젝트를 하나 정하고, '내가 시작해 보고 끝까지 책임져 보는 경험'을 합니다. 예를 들어 반 친구들과 일주일간 휴대폰 사용 줄이기 캠페인을 진행하거나, 가족끼리 주말 청소 계획을 추진해 봅니다.

[사례]

학급에서 늘 조용히 뒤에 서 있던 한 학생이 팀 과제 중 "시간 관리 담당을 해 보겠다"고 나섰습니다. 전체 흐름을 살피며 발표 순서와 연습 시간을 정리하고, 팀원들에게 리마인드 메시지를 보내는 일을 맡으면서 처음으로 주도적인 역할을 경험했습니다. 이후 동아리 대표에 도전하는 계기가 되었습니다.

⑲ 기여와 나눔 Contribution & Sharing

기여와 나눔은 내가 가진 배움과 경험, 자원을 세상과 연결하는 힘입니다. 여기서 말하는 나눔은 봉사 시간을 채우기 위한 활동이 아니라, "내가 가진 것을 어디에 쓰면 좋을까?"를 고민하는 쓰임 찾기에 가깝습니다. 개인은 사회와 분리되어 존재하지 않으며, 우리가 속한 공동체의 상태는 다시 개인의 삶의 조건이 됩니다. 기여는 바로 이 연결 지점에서 의미를 가집니다.

라이프엔지니어링에서 기여와 나눔은 단순히 주는 행동이 아니라, 개인과 공동체가 서로 영향을 주고받는 순환 구조입니다. 나의 시간과 관심, 실력을 쓰는 일이 일회적인 에너지 소모로 끝나지 않고, 관계의 질이나 공동체의 작동 방식을 조금이라도 바꾸는 데 기여할 때 그 경험은 오래 남습니다. 공동체가 더 안전해지고, 더 협력적으로 작동할수록 개인 역시 더 안정된 환경 속에서 성장할 수 있습니다. "나는 누군가에게 도움이 될 수 있다"는 감각은 여기에서 나아가, 내가 속한 사회를 조금 더 살기 좋은 방향으로 움직이고 있다는 인식으로 확장됩니다.

기여와 나눔은 다음의 세 가지 흐름으로 볼 수 있습니다.

첫째, 인식 단계에서는 내가 가진 자원이 무엇인지 살펴봅니다. 시간의 여유, 설명하는 능력, 정리하는 습관처럼 작아 보이는 요소들도 공동체에서는 의미 있는 자원이 될 수 있습니다.

둘째, 연결 단계에서는 이러한 자원을 친구, 후배, 가족, 학교나 지역사회와 같은 주변의 실제 필요와 연결해 봅니다. 이때 중요한 것은 얼마나 대단한 기여인가가 아니라, 지금 이 공동체가 더 건강해지기 위해 무엇이 필요한가를 바라보는 시야입니다.

셋째, 순환 단계에서는 기여 이후의 변화를 돌아보고, 관계나 분위기, 협력 방식에 어떤 변화가 생겼는지를 확인하며 다음 행동으로 이어 갑니다. 이 흐름이 반복될수록 기여는 일회성 행동을 넘어, 공동체의 신뢰와 작동성을 높이는 축적된 경험이 됩니다.

기여와 나눔을 경험한 사람은 단순히 '좋은 일을 한 개인'에 머무르지 않습니다. 자신이 속한 공동체의 분위기와 규칙, 관계의 밀도에 직접적인 영향을 줄 수 있는 존재임을 인식하게 됩니다. 기여는 타인을 위한 선택이면서 동시에, 자신이 살아갈 환경을 가꾸는 선택이 됩니다.

[왜 필요한가]
사람은 자신이 가치 있는 존재라는 감각을 가질 때 삶의 만족감이 높아집니다. 사회심리학 연구에 따르면, 타인에게 긍정적 영향을 미친 경험은 행복감과 자기 가치감을 동시에 높입니다.[14]

[적용]
나의 기여 리스트를 적어 봅니다. 오늘 친구에게 설명해 준 것, 수업 준비

를 도운 것처럼 사소해 보이는 행동도 모두 적습니다. 그리고 그 행동이 누군가의 부담을 어떻게 줄였는지, 관계나 공동체의 분위기에 어떤 작은 변화를 주었는지를 함께 기록합니다.

[사례]
수학을 잘하는 한 학생이 시험 기간마다 친구들에게 문제 풀이 과정을 정리해 공유했습니다. 처음에는 개인적인 도움에 가까웠지만, 점차 친구들 사이에 서로 질문하고 설명하는 학급 문화가 생겼습니다. 학급의 학습 분위기가 안정되면서 질문을 두려워하는 학생도 줄었고, 그는 자신의 기여가 공동체의 학습 환경을 바꾸고, 그 환경이 다시 자신에게도 긍정적인 영향을 준다는 경험을 하게 되었습니다.

⑳ 의미 기반 성취 Meaningful Achievement

의미 기반 성취는 결과의 크기보다, 과정에서 내가 얻은 변화를 중심에 두는 힘입니다. "성공했나?"보다 "이 일을 하며 나는 어떻게 달라졌나?"를 먼저 살피는 태도입니다. 점수나 순위는 순간의 숫자이지만, 그 과정에서 생긴 관찰력과 꾸준함, 관계를 바라보는 감각은 오래 남습니다.

오늘의 10대는 여러 장면에서 끊임없이 평가를 경험합니다. 시험, 대회, 입시뿐 아니라 SNS에서의 반응까지도 결과처럼 느껴질 때가 많습니다. 이런 환경에서는 성취가 비교로 바뀌고, 실패는 스스로를 깎아내리는 재료가 되기 쉽습니다. 의미 기반 성취는 이 시선의 방향을 바꾸는 연습입니다. 결과가 기대와 달라도 "이번 경험에서 새로 알게 된 점은 무엇인가?"를 묻는 순간, 실패는 멈춤이 아니라 다음 선택을 돕는 단서가 됩니다.

의미 기반 성취는 다음의 네 가지 감각으로 구성됩니다.

첫째, 자기 인식은 이 활동을 왜 선택했는지를 스스로 알고 있는 힘입니다.

둘째, 성장 해석력은 결과보다 과정에서 달라진 점을 찾아내는 눈입니다.

셋째, 내적 기준은 주변의 기준이 아니라, 나의 기준으로 성취를 바라보는 태도입니다.

넷째, 기여 감각은 나의 성취가 나만이 아니라 다른 사람에게 어떤 좋은 흔적을 남겼는지를 바라보는 힘입니다.

이 네 가지가 연결되면 성취는 점수가 아니라, 의미가 순환하는 경험이 됩니다. 이 감각을 익힌 10대는 진정한 성취가 남보다 앞서는 일이 아니라, 어제의 나보다 한 걸음 나아간 나를 알아차리는 일임을 깨닫게 됩니다.

[왜 필요한가]

의미 중심으로 성취를 해석하는 태도는 자기결정감과 내적 동기를 강화합니다.[15] 이러한 태도를 가진 사람은 실패 이후에도 다시 시도할 힘을 남겨 둡니다.

[적용]

목표를 세울 때 "이 목표가 내게 왜 의미 있는가?"를 함께 적습니다. 예를 들어 '기타 연습 30분'이라는 목표 옆에 '편하게 연주할 때의 즐거움 때문'과 같이 한 줄 이유를 붙입니다. 돌아볼 때는 결과보다, 배운 점과 달라진 점을 먼저 적습니다.

[사례]

동아리 공연을 준비하던 한 학생은 "잘해야 한다"는 목표만으로는 불안이 줄지 않는다는 것을 알게 되었습니다. 그는 목표를 "관객과 호흡하는 순간을 느끼기"로 바꾸었고, 공연에서 그 순간을 실제로 경험했습니다. 완벽한 무대는 아니었지만, 그 경험이 남겨준 감각 덕분에 그는 연습을 계속할 힘을 얻었습니다.

'기여와 실현'은 자신의 선택이 변화를 만든다는 감각을 갖고(⑰), 의미 있는 실행을 시작하며(⑱), 배움을 타인에게 순환시키고(⑲), 성취를 결과보다 의미로 해석합니다(⑳). 이 네 요소는 내적 성장을 세상과 연결하는 통로가 됩니다. 기여와 실현이 작동할 때, 아이는 "나는 세상에 영향을 줄 수 있다"는 가장 강력한 확신을 얻게 됩니다.

〈표〉 기여와 실현 영역의 성취 요소

요소	핵심정의	아이가 익히는 기술	실천 힌트
⑰ 자기 활력감	스스로 선택하고 행동을 시작할 수 있는 주도성	선택–행동–결과 연결성을 해석하는 기술	오늘의 주도적 선택 1가지 적기
⑱ 리더십과 실행력	상황을 주도하고 변화를 만드는 실행 능력	문제 감지·실행 전환·지속 기술	'작은 리더 프로젝트' 실험
⑲ 기여와 나눔	자신의 자원과 능력을 사회에 순환시키는 힘	자원 인식·연결·순환 설계 기술	'오늘의 작은 기여' 한 줄 기록
⑳ 의미 기반 성취	과정과 성장에 의미를 두고 성취를 경험하는 능력	성장 해석·내적 기준 설정 기술	목표에 "이유 1줄" 병기

(6) 자원과 지속 가능성(Resources & Sustainability)
– "삶의 자원을 조율하고, 균형을 설계하는 힘"

자원과 지속 가능성은 삶의 인프라를 다루는 영역입니다. 보통 시간 관리나 돈 관리로만 이해되기 쉽지만, 라이프엔지니어링에서 말하는 자원은 나를 둘러싼 모든 에너지의 흐름을 포함합니다. 시간·재정·환경·관계·감정은 각각 따로 움직이는 것이 아니라, 서로 얽혀 하나의 시스템처럼 작동합니다.

10대에게 이 영역은 생활을 '관리'하는 법을 배우는 것을 넘어, 내 삶을 오래 버티고 계속 성장하도록 '설계'하는 감각을 익히는 과정에 가깝습니다. 정보 과잉, 디지털 피로, 선택 과부하 속에서 자원을 어떻게 배치하느냐에 따라 방향과 열정이 유지되기도 하고, 금세 소진되기도 합니다. 그래서 이 영역의 목표는 단순한 효율이 아니라, 균형 있는 순환입니다.

㉑ 시간 설계력 Time Design

시간 설계력은 하루를 쪼개 채우는 기술이 아니라, 지금의 나에게 중요한 흐름을 스스로 정하는 힘입니다. 어떤 태도를 중심에 두느냐에 따라 같은 1시간이 불안한 미루기의 시간이 될 수도 있고, 잠깐의 회복, 누군가와의 대화, 깊은 집중의 순간이 될 수도 있습니다.

10대의 하루는 학교·학원·과제로 촘촘해 보이지만, 그 사이의 작은 틈은 여전히 자신의 선택이 닿는 영역입니다. "어쩔 수 없는 시간"에서 "이 안에서 내가 조정할 수 있는 한 가지"를 찾는 순간, 시간은 흘러가는 것이 아니라 조절 가능한 공간이 됩니다.

시간 설계력은 다음의 네 가지 감각으로 구성됩니다.

첫째, 시간 인식은 언제 집중이 잘 되고, 언제 산만해지는지 자신의 리듬을 살피는 힘입니다.

둘째, 우선순위 설계는 할 일을 나열하는 것이 아니라, 지금의 나에게 꼭 필요한 것을 앞으로 두는 능력입니다.

셋째, 리듬 조율은 공부·휴식·관계를 억지로 분리하지 않고 하루의 흐름 속에서 자연스러운 균형을 찾는 일입니다.

넷째, 재조정은 계획이 어긋났을 때 스스로를 탓하기보다 "오늘은 무엇이 달랐지?"를 묻고 다음 선택을 조금 바꾸는 태도입니다.

이 네 가지가 맞물릴 때, 시간은 더 이상 흘러가는 대상이 아니라 의미가 순환하는 시스템이 됩니다.

이 감각이 자라면 10대는 더 이상 시간에 쫓기지 않습니다. 오히려 하루의 흐름을 스스로 정돈하며, 나에게 맞는 속도를 만들어 갈 수 있습니다.

[왜 필요한가]

시간을 어떻게 쓰는지는 곧 삶을 어디로 향하게 할지에 대한 선택입니다. 심리학자 필립 짐바르도Philip Zimbardo는 "시간을 어떻게 인식하느냐가 행복과 성취를 결정한다"고 설명합니다.[16]

[적용]

하루를 세 구간, 집중–회복–연결로 나누고 각 구간에 한 가지 핵심 활동만 적어 봅니다.
예를 들어 "집중–문제 풀이 / 회복–산책 / 연결–친구와 통화"

[사례]

공부와 SNS를 동시에 붙잡느라 하루가 금방 지나가던 한 학생은 세 구간 실험을 시도했습니다. SNS는 회복 구간의 짧은 시간에만 사용하기로 한 것입니다. 몇 주 뒤, 그는 SNS 시간은 줄었지만, 친구와의 대화와 숙면 시간은 늘었고, 아침 집중력도 눈에 띄게 좋아졌다는 것을 발견했습니다.

㉒ 재정 리터러시Financial Literacy

재정 리터러시는 돈을 어떤 기준으로 쓰고 관리할지를 이해하는 능력입니다. 이는 단순히 용돈을 아껴 쓰는 법을 배우는 것이 아니라, 한정된 자원을 어떻게 배분할지를 판단하는 감각에 가깝습니다. 10대에게 돈은 크지 않은 금액일지라도, 자신의 선택이 어떤 결과를 남기는지를 살펴볼 수 있는 중요한 출발점입니다. 내가 쓸 수 있는 돈이 거의 없거나 제한적인 상황에서도, 무엇을 포기했고 무엇을 선택했는지를 돌아보는 경험은 재정 리터러시의 핵심과 맞닿아 있습니다.

어떤 지출은 금방 사라지고, 어떤 선택은 오래 영향을 남깁니다. 직접 돈을 쓰지 않았더라도, 가족의 소비를 관찰한 경험, 필요한 것을 기다려야 했던 시간, 하고 싶었던 일을 미뤄야 했던 기억 역시 모두 경제적 판단의 재료가 됩니다. 재정 리터러시는 '얼마를 쓸 수 있는가'가 아니라, 주어진 조건 안에서 무엇을 선택하고 어떤 의미를 부여하는가를 살피는 능력입니다.

재정 리터러시는 다음의 네 가지 핵심 요소로 구성됩니다.

첫째, 이해는 소득, 지출, 저축, 투자, 기부와 같은 기본 개념을 알고, 그 흐름을 읽는 힘입니다.
둘째, 판단은 필요와 욕구, 지금의 편의와 이후의 부담을 구분하며 선택하는 능력입니다.
셋째, 계획은 현재의 제약 속에서도 나의 목표와 가치에 맞게 자원의 방향을 정하는 일입니다.
넷째, 책임은 선택의 결과를 피하지 않고 살피며, 다음 선택을 조금씩 더 나아지게 만드는 태도입니다.

라이프엔지니어링에서 돈은 단순한 숫자가 아니라, 시간과 노력, 기회가 응축된 하나의 자원입니다. 어디에서 왔고, 어디로 흘러가는지를 살피는 일은 결국 내 삶의 조건과 방향을 이해하는 일과 맞닿아 있습니다. 그래서 재정 리터러시는 소비 기술을 넘어, 제약 속에서도 삶을 설계하는 기술에 가깝습니다.

[왜 필요한가]
재정 리터러시는 많은 돈을 다루기 위한 능력이 아니라, 선택의 주도권을 잃지 않기 위한 감각입니다. 돈이 없을수록 선택은 더 제한되지만, 판단과 계획의 중요성은 오히려 더 커집니다. 재정 리터러시는 돈에 끌려

가는 삶이 아니라, 어떤 조건 속에서도 방향을 세우는 힘과 연결됩니다.

[적용]

한 달 동안 '나의 선택 기록'을 해봅니다. 돈을 쓴 날뿐 아니라, 쓰지 못했거나 기다려야 했던 선택도 함께 적습니다. 그리고 각 선택 뒤에 어떤 기분이 남았는지를 한 줄로 기록합니다.

예를 들어 "친구들과 간식 사러 갔지만 안 삼 – 아쉽지만 집에 있는 것으로 해결", "사고 싶던 물건을 다음 달로 미룸 – 꼭 필요한지 다시 생각해 보기로 함"

[사례]

한 학생은 가족의 지출을 유심히 관찰하면서, 전기요금을 아끼기 위한 노력과 장을 볼 때 가격을 비교하는 과정이 왜 필요한지를 자연스럽게 이해하게 되었습니다. 그는 "돈이 없어서 못 쓰는 줄만 알았는데, 사실은 선택의 문제였다"는 배움을 얻었고, 자신의 시간과 에너지를 쓰는 방식도 더 신중하게 바라보게 되었습니다.

㉓ 지속 가능한 사고 Sustainability Mindset

지속 가능한 사고는 내 삶의 자원을 '소모품'이 아니라 '재생 가능한 구조'로 바라보는 관점입니다. 이 용어는 환경 분야에서 자주 쓰이지만, 여기서는 시간, 감정, 관계, 돈, 노력 등 개인의 삶을 이루는 자원이 어떻게 쓰이고 회복되는가에 대한 시선에 가깝습니다. 자원은 한 방향으로만 쓰면 금세 고갈되지만, 쓰임과 회복의 패턴을 읽고 나에게 맞는 리듬을 만들면 훨씬 오래 유지할 수 있습니다. 지속 가능한 사고는 "지금의 선택이 내일의 나에게 어떤 상태를 남길까?"를 함께 생각하는 태도입니다.

이 관점은 다음의 네 가지 요소로 이루어집니다.

첫째, 시스템 관점은 삶의 여러 요소가 따로 움직이지 않는다는 사실을 이해하고, 부분보다 전체의 흐름을 바라보는 시선입니다.

둘째, 자원 패턴 읽기는 시간과 노력, 감정이 언제 소모되고 언제 회복되는지를 관찰하며, 무의식적 반복을 의식적 선택으로 바꾸는 능력입니다.

셋째, 균형 조율은 일과 휴식, 관계와 몰입을 억지로 같은 비율로 맞추는 것이 아니라, 그날의 에너지에 맞는 비율을 찾는 조율의 기술입니다.

넷째, 공존 관점은 타인과 함께 움직일 때 자원이 더 오래간다는 사실을 이해하고, 나의 선택이 관계에도 어떤 흐름을 만드는지 돌아보는 태도입니다.

이 감각이 자리 잡으면 목표를 향해 속도를 낼 때도 쉽게 고갈되지 않고, 사람들과 협력할 때도 자신의 리듬을 잃지 않게 됩니다. 말 그대로 '버티는 힘'이 아니라, 흐름을 이어가는 힘이 됩니다.

[왜 필요한가]

지속 가능성은 변화가 빠른 시대에 나의 에너지와 자원을 오래 유지하기 위한 기본 조건입니다. 단기 효율을 내는 방법보다, 내 삶의 리듬이 오래 작동하도록 설계하는 관점이 필요합니다.

[적용]

하루를 마칠 때 "오늘 나는 어디에 힘을 썼고, 어디에서 다시 채웠는가?"를 두 줄로 적어 봅니다. 사용과 회복의 패턴이 보이기 시작하면, 다음 날의 리듬을 미세하게 조정할 수 있습니다.

[사례]

한 학생은 "월요일이 유난히 힘들다"고 느꼈습니다. 기록을 살펴보니 주말에 약속과 과제를 몰아서 하느라 회복 시간이 거의 없었다는 사실을 확인했습니다. 이후 주말을 '활동-정리-회복'의 세 구간으로 나누고 최소한의 회복 루틴을 넣자, 월요일 피로가 줄고 한 주의 흐름도 훨씬 안정되었습니다.

균형 설계력은 삶의 여러 영역을 하나의 시스템으로 바라보고, 에너지가 한쪽으로 쏠리지 않도록 조율하는 능력입니다. 공부, 휴식, 관계, 건강을 따로 관리하는 것이 아니라, 모두가 연결된 흐름 속에서 어떤 리듬이 만들어지고 있는지를 읽어내는 관점입니다.

많은 사람은 균형을 '시간을 얼마씩 나누느냐'의 문제로 생각합니다. 그러나 실제로 중요한 것은 시간의 비율보다 에너지의 흐름입니다. 공부에 몰입하더라도 회복할 여유가 있고, 친구와 충분히 어울리더라도 자기 시간을 완전히 잃지 않는 상태가 진짜 균형에 가깝습니다.

균형 설계력은 다음의 세 가지 과정으로 작동합니다.

첫째, 인식은 지금 내 삶에서 에너지가 과하게 쓰이거나 비어 있는 영역이 어디인지 살펴보는 단계입니다.

둘째, 통합은 여섯 영역인 정체성, 건강, 학습, 관계, 기여, 자원을 경쟁 항목이 아니라, 서로 영향을 주고받는 하나의 에너지 구조로 묶어 보는 관점입니다.

셋째, 조율은 루프가 기울지 않도록 상황의 변화에 맞추어 작은 수정을 반복하는 과정입니다. 이때 중요한 것은 "얼마나 잘했는가"가 아니라, "어떻게 흐름을 회복할 것인가"라는 질문입니다.

이 능력이 자라면 삶의 각 영역은 서로의 시간을 빼앗는 관계에서, 서로를 지탱하는 구조로 바뀝니다. 균형은 완벽함의 다른 말이 아니라, 지속 가능한 성장의 바탕이 되는 설계 감각입니다.

[왜 필요한가]

균형은 회복탄력성을 유지하는 핵심 조건이며, 어느 한쪽이 흔들릴 때 전체를 지탱해 주는 기반이 됩니다. 긍정 정서는 균형 있는 루틴 속에서 가장 잘 자라납니다.[17]

[적용]

'균형 점검표'를 만들어 매주 여섯 영역(정체성·건강·학습·관계·기여·자원)을 1~5점으로 가볍게 점검합니다. 점수가 낮은 영역에는 다음 주 실천할 한 문장을 덧붙입니다.

예를 들어, '이번 주 관계 2점 → 점심시간에 10분이라도 친구와 대화하기'처럼 작게라도 실천할 수 있도록 설정합니다.

[사례]

공부에만 몰두하던 한 학생이 균형 점검표를 작성하면서 건강과 관계 점수가 모두 낮다는 사실을 확인했습니다. 이후 주 1회 친구와의 산책 시간을 만들고, 짧은 스트레칭 루틴을 추가했습니다. 몇 주가 지나자 집중 시간은 오히려 늘고, 시험 기간에도 감정 기복이 줄었다고 느끼게 되었습니다.

〈표〉 자원과 지속 가능성 영역의 성취 요소

요소	핵심정의	아이가 익히는 기술	실천 힌트
㉑ **시간 설계력**	일정을 주도적으로 설계하고 조율하는 힘	시간 흐름 감지·우선순위·리듬 조율	하루를 3개 루프로 나누기
㉒ **재정 리터러시**	돈의 흐름을 이해하고 균형있게 사용하는 감각	소비·저축·투자·기부 판단 기술	'선택일지' + 감정 기록
㉓ **지속 가능한 사고**	자원을 순환적 관점에서 바라보고 운영하는 사고	자원 사용–회복 구조 설계 능력	하루 '사용·회복' 순환 지표 기록
㉔ **균형 설계력**	삶의 여러 영역을 통합해 균형있게 운영하는 능력	삶의 인식–통합–조율 구조 설계 능력	6대 영역 주간 점검(1~5점)

‘자원과 지속 가능성’ 영역은 시간을 스스로 구조화하고(㉑), 돈의 흐름을 이해하며(㉒), 에너지와 감정을 순환으로 바라보고(㉓), 여러 영역을 하나의 루프로 통합·조율합니다(㉔). 이 능력은 피로한 성취가 아니라, 오래 지속되는 성장을 가능하게 합니다. 자원과 지속 가능성이 자리 잡을 때 삶은 조급함이 아니라, 균형의 리듬으로 움직입니다.

요즘 아이들에게 필요한 것은 스스로를 관찰하고
상황에 맞춰 삶을 조정할 수 있는 '자기 설계 능력'입니다.
부모와 교사는 정답을 알려주는 사람이 아니라,
아이가 자신의 삶을 잘 항해하도록
옆에서 지도를 함께 봐주는 파트너가 되어야 합니다.

성적 뒤에 가려진 아이의 시간, 에너지, 감정을
데이터로 기록하게 도와주세요.
AI는 아이의 학습과 생활 패턴을 분석해주는 든든한 개인 비서가 됩니다.
부모는 지시하는 사람이 아니라,
아이와 함께 성장 데이터를 읽어주는 친구입니다.

 # 미래를 여행하는 10대를 위한 '항해 생존 키트'
(5356 시스템의 6대 영역을 항해 도구로 재정의)

- **나침반(정체성)**: 내가 누구이며 어디로 가는지 알려주는 삶의 방향성
- **연료(에너지)**: 지치지 않고 항해를 지속하게 하는 신체적·심리적 동력
- **항해술(학습)**: 스스로 파도를 넘으며 나를 진화시키는 메타인지적 역량
- **무전기(관계)**: 함께 노를 저으며 서로를 지지해주는 사회적 연결 시스템
- **교역품(기여)**: 내가 만든 가치를 세상과 나누는 실질적인 실현과 기여
- **보급계획(자원)**: 시간과 돈 등 한정된 자원을 배분하고 운용하는 관리 능력

**점수만 따는 아이가 아니라, 삶을 스스로 설계하는 아이로
결과에만 매달리는 성장이 아니라, 나만의 항해를 즐기는 성장으로**

이제 10대의 성장은 불확실한 미래의 파도에 버티는 것이 아니라,
어떤 환경에서도 스스로를 최적화하는
'자기 설계 시스템'을 갖추는 일이어야 합니다.

제 8 장

10대의 성장 루프 설계와 실천
: 스스로 성장하는 시스템 만들기

7장에서 우리는 10대의 성장이 더 이상 시험 점수나 외부 평가만으로 설명되지 않는다는 점을 확인했습니다. 성장의 핵심은 자신의 삶을 하나의 시스템으로 바라보고, 그 시스템을 스스로 설계하고 운용하는 능력에 있습니다. 이제 그 구조를 이해하는 단계를 넘어, 실제로 돌려 보는 연습을 할 차례입니다.

이 장에서 다루는 '성장 루프'는 다음과 같은 다섯 단계로 이루어집니다.

방향·진단 → 설계·루틴 → 실행·적용 → 피드백·점검 → 재설계·조정

8장에서는 각 단계를 설명하는 데서 멈추지 않고, 질문 카드, 실천 방법, 미니 워크시트, 부모·교사의 대화 예시를 통해 10대가 자신의 하루, 일주일, 학기를 실제로 설계하고 실험해 볼 수 있도록 돕습니다.

한 번에 모두 하려 하면 복잡해 보일 수 있습니다. 그러나 성장 루프는 하루나 일주일 단위로 아주 작게 시작해도 충분히 작동합니다. 이 장에 제시된 질문과 워크시트는 모두 선택지입니다. 지금 가장 필요해 보이는 것 한 가지만 골라 시작해도 좋습니다. 성장 루프는 단계를 모두 완성하는 것이 아니라, 반복하며 조금씩 익숙해지는 관점에 가깝습니다. 그렇게 익숙해지면 자연스럽게 다음 질문이나 도구가 필요해지는 순간이 찾아옵니다.

>>> 생각이 곧 행동이 되는 성장 루프

성장은 어느 날 갑자기 찾아오는 변화가 아니라, 매일 반복되는 작은 행동들이 하나의 흐름을 만들 때 일어납니다. 이 흐름이 바로 루프입니다. 루프는 단순한 습관이 아니라, '나를 관찰하고 → 설계하고 → 시도하고 → 다시 조정하는 의식적인 순환'입니다.

여기서 중요한 감각은 세 가지입니다.

㉠ **나의 방향을 알고 있는가?**

무엇을 위해, 어떤 가치 때문에 이 일을 하는지에 대한 감각입니다.

㉡ **내 에너지의 리듬을 읽고 있는가?**

언제 집중이 잘 되고, 언제 쉽게 무너지는지를 알고 있는 상태입니다.

㉢ **오늘 배운 것을 내일의 설계에 반영하고 있는가?**

잘된 점과 막힌 점을 기록하고, 다음 루틴을 조금씩 바꾸는 힘입니다.

이 세 가지 감각이 자리 잡으면, 루프는 더 이상 "해야 하는 일의 목록"이 아니라, "나를 키우는 엔진"이 됩니다.

대부분의 10대는 '해야 할 일'은 잘 알고 있습니다. 하지만 '지금 나는 어떤 상태인가?'를 묻는 일에는 익숙하지 않습니다. 성장은 거창한 목표를 세우는 것보다, 지금의 나를 정확히 보는 힘에서 시작됩니다.

라이프엔지니어링은 이 과정을 '방향·진단'이라 부릅니다.

'방향'은 무엇이 나를 움직이게 하는지, 어떤 삶을 살고 싶은지에 대한 감각입니다.

'진단'은 지금 나의 감정, 시간, 에너지, 관계, 학습이 어떤 패턴으로 돌아가고 있는지를 관찰하는 과정입니다.

이 단계의 목표는 "잘하고 있나, 못하고 있나?"를 평가하는 것이 아니라, "어떤 패턴인가?"를 발견하는 데 있습니다.

① 방향을 세우는 질문: 나는 무엇에 반응하는가?

10대에게 '방향'은 아직 인생의 직업을 확정하는 일이 아닙니다. 지금 시점에서는 "무엇을 할 때 살아 있는 느낌이 드는지", "무엇에 끌리는지"를 찾는 과정에 가깝습니다

[질문 카드 – 나의 방향을 묻는 5가지 질문]

- 나는 언제 살아 있다는 느낌을 받는가?
- 그때 나는 어떤 일을 하고 있었는가?
- 나는 무엇을 통해 세상에 기여하고 싶은가?
- 나에게 '좋은 하루'란 어떤 하루인가?
- 내가 지키고 싶은 가치는 무엇인가?
- 이 질문에 대한 답을 한 문장으로 정리해 봅니다.

"나는 ＿＿＿＿＿＿＿＿＿＿＿＿을(를) 통해 세상과 연결되고 싶습니다."

이 문장은 완벽할 필요가 없습니다. 이 질문에 답을 써 보는 과정 자체가, 지금의 나를 움직이게 하는 방향의 단서를 만들어 줍니다.

② 진단은 '판단'이 아니라 '관찰입니다'

진단의 목적은 "나는 왜 이 모양이지?"라고 자책하기 위함이 아닙니다. "나는 이렇게 움직이는 사람이구나"를 알아차리기 위한 관찰입니다.

[실천 방법]

㉠ 일주일 동안 자신이 가장 몰입했던 순간 세 가지를 적습니다.
㉡ 각각의 활동에서 '흥미'를 느낀 이유를 써 봅니다.
　(예: 새로운 것을 배울 때, 누군가를 도울 때 등)
㉢ 작성한 이유에서 공통된 감정이나 주제를 찾아봅니다.
　→ 이것이 지금 나를 움직이는 방향의 단서입니다.

활동	몰입 이유	느낀 감정	키워드
공통 키워드	→ 나의 관심 / 방향 :		

>>> 설계·루틴: 작심삼일은 이제 그만

많은 10대가 "의지가 약해서 작심삼일로 끝난다"고 말합니다. 그러나 꾸준함을 만드는 것은 결심이 아니라 구조입니다. 심리학자 포그B.J Fogg는 『Tiny Habits』에서 "변화는 의지에서 오지 않는다. 환경이 대신 설계할 때 지속된다"고 말했습니다.[18]

라이프엔지니어링에서 설계·루틴이란, "나에게 맞는 리듬을 만드는 일"입니다. 이 단계에서는 방향·진단에서 얻은 데이터를 바탕으로, 무엇을, 언제, 어떻게 반복할지를 정합니다.

① 루틴은 리듬이다

루틴은 억지로 꾸역꾸역하는 반복이 아니라, 삶 속에 자연스럽게 녹아드는 리듬이어야 합니다.

예를 들어,

- 아침 루프: 기상 → 스트레칭 → 하루 다짐 1문장
- 공부 루프: 25분 집중 → 5분 휴식 → 3세트
- 저녁 루프: 하루 리뷰 → 감사 한 줄 → 내일 1% 수정

이런 구조는 작아 보이지만, 매일 반복되면 뇌는 예측 가능한 리듬에서 안정감을 느끼게 됩니다.[19]

[실천 방법]

하루 중 집중이 잘 되는 시간대 세 곳을 표시합니다.
- 그 시간대에 공부, 활동, 휴식을 적절히 배치합니다.
- '시작 신호'를 만들어 습관의 문턱을 낮춥니다.
  (예: 타이머, 알람, 음악 재생 등)

시간대	활동	에너지 상태	보완할 점
7~8시	등교 준비	●●○	음악 듣기
17~19시	숙제·복습	●●●	간식·산책
21~22시	자유 활동	●○○	알림 OFF

② 루틴 설계의 세 원리 ─ 작은 단서, 자동 반복, 보상

루틴은 보통 '단서 → 행동 → 보상'의 구조로 만들어집니다. 이 구조는 신경과학자 찰스 두히그(Charles Duhigg)가 『The Power of Habit』에서 제시한 습관 형성의 기본 메커니즘입니다.[20] 이를 10대의 하루에 적용해 보면 다음과 같습니다.

㉠ **단서(Cue)**: 루프를 시작하게 하는 신호
  → 예: 알람, 특정 시간, 이어폰 착용, 책상 앞에 앉기

㉡ **행동(Action)**: 루틴의 핵심 활동
  → 예: 10분 문제 풀이, 책상 정리, 오늘 할 일 3줄 쓰기

㉢ **보상(Reward)**: 루프 종료 후 느끼는 작은 만족
  → 예: 체크 표시, 스티커, 노래 한 곡 듣기, 간단한 간식

[미니 워크시트 ─ 나의 루틴 알고리즘 설계하기]

- 내가 가장 자주 무너지는 순간은 언제인가?
- 그때를 막아줄 '단서'는 무엇이 될 수 있을까?
- 실행 후 나에게 줄 '보상'을 정해 보자.

(예시) 집중이 안 될 때 → 단서: 이어폰 착용 → 행동: 15분 문제 풀이 →
  보상: 음악 3분 듣기

③ 환경은 구조다

환경은 의지보다 빠르게 행동을 바꿉니다. 2016년의 한 환경심리학 연구에 따르면, 정돈되지 않은 공간은 주의력과 집중력을 떨어뜨리고, 반대로 조직적이고 깔끔한 작업 공간은 인지 효율을 높입니다.[21] 10대의 루프 설계는 공간을 손보는 것에서 시작할 수 있습니다.

- 집중 공간: 방해 요소 줄이기

  (휴대폰 멀리 두기, 책상 위 물건 3개 이하)

- 회복 공간: 짧은 리셋 공간 만들기

  (창가, 조명 낮추기, 물 마시기)

- 아이디어 공간: 탐구와 정리 공간 구분하기

  (벽에 포스트잇 붙이기, 메모 보드 활용)

[부모와의 대화 한 장면]

- 부모: 오늘 집중이 잘 안 됐다고 했지?
- 자녀: 네, 자꾸 폰에 손이 가요. 시간을 보려고 집었다가 다른 것도 보게 돼요.
- 부모: 그럼 내일은 책상 위에 탁상시계를 두고, 폰은 멀리 두는 실험을 해볼까?

부모나 교사는 통제자가 아니라, 아이와 함께 공간을 설계하는 동료가 될 수 있습니다.

≫ 실행·적용: 실험으로 성장하기

많은 10대가 계획은 잘 세우지만, 막상 움직이지 못하는 이유는 대부분 의지가 부족해서가 아닙니다. '시작하는 기술'을 배우지 못했기 때문인 경우가 많습니다. 일본의 경영사상가 마쓰시타 고노스케는 "지속 가능한 혁신은 완벽한 계획보다 반복된 시도에서 온다"고 말했습니다.[22] 성장의 루프는 거창한 목표가 아니라, '지금 당장 해볼 수 있는 가장 작은 한 걸음'에서 출발합니다.

① 행동의 문턱을 낮추는 '작은 실행 법칙'

뇌는 큰 변화를 부담스러워합니다. 그래서 처음에는 "이 정도면 너무 쉽다" 싶은 행동이 좋습니다. 하루 10분 독서, 5문제 풀이, 한 줄 일기 같은 행동은 작지만, "나는 할 수 있다"는 감각을 키우는 데 매우 효과적입니다. 뇌과학자 앤드루 허버만Andrew Huberman은 "행동을 시작할 때 20초 안에 신체가 움직이면, 동기보다 빠르게 루프가 형성된다"고 설명합니다.[23] 즉, 마음이 준비되기를 기다리기보다 몸을 먼저 움직이는 것이 중요합니다.

> **[미니 워크시트 – 나의 작은 실행 루프 설계하기]**
>
> • 오늘 내가 실행할 수 있는 '가장 작은 행동'은 무엇인가?
> • 그 행동을 시작하기 위해 필요한 첫 움직임은 무엇인가?
> • 시작 후 1분 안에 어떤 보상을 줄 수 있을까?
>
> (예시) 영어 단어 암기 → 첫 단어를 입으로 말하기 → 끝나면 좋아하는 노래 한 곡 듣기

② 일단 '시작' 하기

루프의 목적은 완벽하게 하는 것이 아니라, 일단 돌아가게 만드는 것입니다. 행동과학자 카롤라인 리프Caroline Leaf는 "행동이 뇌의 신경망을 재조직한다"고 말합니다.[24] 움직이는 순간 뇌는 새로운 연결을 만들기 시작합니다. 하루를 마치며 다음 질문으로 자신을 가볍게 점검해 봅니다.

> **[미니 워크시트 – 오늘의 실행 로그]**
>
> • 오늘 내가 움직인 첫 행동은 무엇이었나?
> • 그 행동 후 어떤 기분이 들었나?

- 나는 어디에서 멈췄는가?
- 내일은 멈춘 지점을 어떻게 조정할 수 있을까?

③ 함께 움직이는 힘 — 관계 속 실행 루프

혼자서 돌리는 루프는 처음에는 잘 굴러가다가도 쉽게 지칠 수 있습니다. 그래서 10대에게는 '함께 움직이는 루프'가 중요합니다. 누군가와 연결된 루프는 책임감과 지속성을 동시에 만들어 줍니다.

[공유 루프 아이디어]

- 친구와 '매일 10분 독서 인증 사진' 공유하기
- 가족과 저녁 식탁에서 '오늘 한 가지 잘한 일' 나누기
- SNS나 메신저에 '오늘의 한 줄 성장 카드' 올리기

이러한 공유 루프는 단순한 약속을 넘어, "나의 성장 루프가 타인과 연결되어 있다"는 감각을 만들어 줍니다. 이 감각이 쌓일수록 루프는 더 오래, 더 안정적으로 유지됩니다.

≫ 피드백·점검: 성장을 위한 실패 기록

많은 10대는 자신을 돌아볼 때 '잘했나, 못했나'부터 평가합니다. 하지만 성장 루프에서의 점검은 평가가 아니라 관찰입니다. 성공도 실패도 모두 다음 루프를 위한 데이터일 뿐입니다.

① 감정을 데이터로 보기

점검의 첫 단계는 "오늘 기분이 안 좋았어"에서 "오늘은 어떤 조건에서 에너지가 떨어졌지?"로 질문을 바꾸는 것입니다. 감정은 문제가 아니라, 루프의 상태를 알려주는 계기판에 가깝습니다.

시간	활동	감정	원인 추정	다음 루프 조정 아이디어
오전	등교 준비	☐ 무기력	잠 부족	수면 루틴 조정
오후	숙제·복습	☐ 피로	점심 이후 집중력 하락	20분 산책 추가
저녁	자유 활동	☐ 안정	관계 루프 활성화	유지

② 점검은 결과 평가가 아니라 패턴 관찰

하루를 마무리할 때, 다음 세 가지만 적어 봅시다.

[질문 카드 — 루프 점검 3단계 질문]

1. 오늘 나의 루프에서 가장 잘 작동한 부분은?
2. 어느 순간 루프가 끊어졌는가?
3. 내일은 무엇을 바꿔볼 수 있을까?

하루 3분이면 충분합니다. 이 질문을 매일 반복하면 "실패의 이유"보다 "성장의 조건"이 먼저 보이기 시작합니다.

③ 루프 저널-성장을 기록하는 나의 데이터북

루프는 기록하지 않으면 금방 잊혀집니다. 그래서 간단한 '루프 저널Loop Journal'을 만들어 두는 것이 좋습니다. 이것은 감정을 길게 적는 일기라기보다, "오늘 나를 어떻게 운영했는지 남기는 로그"에 가깝습니다. 중요한 목표는 '완벽한 하루'를 만드는 것이 아니라, '내일 조금 더 나은 한 바퀴를 설계하는 것'입니다.

항목	오늘의 내용	관찰 메모	조정 계획
오늘의 핵심 루프	아침 스트레칭 + 영어 단어 암기	스트레칭 후 집중도 ↑	내일도 같은 순서로
오늘의 루프 실패	공부 중 폰 확인 3회	오후 피로감 ↑	폰 알림 끄기
감정·에너지 상태	안정 → 피로 → 회복	점심 이후 하락	산책 추가
내일의 실험 루프	점심 후 15분 산책 루틴	–	실행 예정

④ 잠시 멈춰도 다시 시작하면 된다

루프를 돌리다 보면 멈추고 싶은 순간이 옵니다. 이때 중요한 것은 "안 돼서 멈췄다"가 아니라 "지금은 정비 중이다"라는 감각입니다.

[멈춤 루프 실천 예시 (3분 버전)]

- 호흡: 깊게 들이쉬고 천천히 내쉬기 (30초)
- 기록: 지금의 감정을 한 단어로 적기 (1분)
- 이동: 자리에서 일어나 1분간 걷기

이 정도만 해도 감정은 조금 가라앉고, 상황을 조정 가능한 대상으로 보기 쉬워집니다.

>>> 재설계·조정: 어제의 나보다 조금씩 성장하기

피드백까지 하고 나면 많은 사람은 "다음엔 더 잘해보자"에서 멈춥니다. 그러나 성장 루프의 핵심은 재설계에 있습니다. 어제와 똑같이 반복하는 것이 아니라, 어제의 데이터를 바탕으로 오늘의 설계를 바꾸는 것입니다.

① 어제의 데이터는 오늘 설계의 재료

재설계 단계에서는 피드백에서 나온 관찰을 바탕으로 루프를 다시 짭니다.

- "오후에는 집중이 흐트러진다" → 공부 루틴을 오전으로 옮기기
- "감정이 자주 흔들린다" → 하루에 3분 감정 점검 루틴 추가
- "목표가 막연하다" → 이번 주에만 집중할 작은 목표 한 개 정하기

이 과정은 실패를 고치는 작업이 아니라, 나를 더 잘 이해한 만큼 설계를 미세 조정하는 일입니다.

항목	지난 루프의 문제	원인	새 설계 아이디어	실험 기간
집중 루프	오후 피로	수면 부족	아침 루틴으로 이동	1주일
감정 루프	짜증 반복	공부 루틴 과밀	회복 루프 추가	5일
목표 루프	동기 저하	비전 불명확	장기 목표 시각화	2주

② 루프는 리셋이 아니라 '버전 업'

"이번엔 다시 처음부터 할래요."라는 말은 그럴듯하게 들리지만, 그동안 쌓아 온 데이터를 스스로 지워 버리는 일이 되기도 합니다. 성장 루프는 "망했다, 처음부터 다시"가 아니라, V1.0 → V1.1 → V1.2처럼 조금씩 개선되는 과정에 가깝습니다. 루프는 실패를 지우는 구조가 아니라, 실패를 활용해 다음 버전을 만드는 구조입니다. 그래서 다시 시작할 때도 '초기화'가 아니라 '업데이트'라는 감각이 필요합니다.

[루프 관리 예시]

- 루틴 실패: 10분 운동 루틴 → 성공률 30%
- 실패 원인: 아침 기상 직후는 에너지가 낮고, 실행 후 보상이 없음

- 버전 업 루프: 하교 후 시간대로 변경,

  보상으로 운동 후 물 한 잔 + 좋아하는 음악 1곡 듣기
- 결과: 성공률 70%로 상승 → 루프 v1.2 완성

이처럼 루프는 완벽해질 때까지 고치는 대상이 아니라, 실행할수록 조금씩 나아지는 시스템입니다.

③ 변화는 '덜 하기'에서 시작된다

재설계라고 하면 무언가를 더 추가해야 할 것처럼 느껴지기 쉽습니다. 그러나 실제 변화는 무언가를 빼는 순간에 시작되는 경우가 많습니다. 인지심리학자 존 스윈들러John Swindler는 "복잡한 시스템일수록 단순화가 혁신을 만든다"고 말했습니다.[25] 재설계라 하면 무언가를 더해야 할 것 같지만, 실제로는 빼는 것부터 시작되는 경우가 많습니다.

[미니 워크시트 – 삭제 루프 점검]

- 요즘 내 루틴 중 반드시 줄이거나 빼야 할 일 한 가지는 무엇인가?
- 그 일을 줄이면 내 에너지는 어디로 향할까?
- 그 시간에 대신 넣고 싶은 성장 루프는 무엇인가?

예를 들어,
SNS 스크롤 30분을 줄이고 → 그 시간에 10분 독서 루프를 추가

삭제는 포기가 아니라, 집중을 위한 전략입니다. 덜 할수록, 더 중요한 것이 움직이기 시작합니다.

루프를 설계하고, 실행하고, 점검하고, 다시 조정하는 과정을 반복하다 보면 어느 순간 이런 생각이 듭니다. "이제는 억지로 하지 않아도, 어느 정도는 알아서 움직인다." 이때가 바로 자기 성장 시스템이 실제로 작동하기 시작한 순간입니다. 이 단계에서의 성장은 점수나 결과보다, "나는 나를 조금씩 움직일 수 있다"는 내적 확신으로 나타납니다.

루프의 목표는 완벽한 하루를 만드는 것이 아닙니다. 어제보다 조금 나은 오늘을 계속해서 설계할 수 있는 사람이 되는 것입니다.

10대의 성장 루프 설계와 실천

성장은 거창한 결심이 아니라,
작게 시작해서 꾸준히 돌리는 '루프'의 힘에서 나옵니다.
하루의 일과를 [계획-실행-확인-수정]의 순환 구조로 바꿔보세요.
이 루프가 익숙해지면 삶은 저절로 성장하는 궤도에 올라타게 됩니다.

루프는 나쁜 습관을 고치는 힘든 노력이 아니라, 즐거운 실험의 과정입니다.
질문 카드나 체크리스트 같은 도구를 활용해 루프가 돌아가기 쉽게 만드세요.
루프가 반복될수록 아이는 남의 눈치를 보기보다
자기 삶의 주인으로 당당해집니다.

10대 성장 알고리즘

$$Growth = (Meaning \times Design \times Action)^{Loop}$$

의미 있는 삶을 설계하고 실행하는 루프를 반복할 때
성장은 복리로 축적됩니다.

루프는 습관이 아니라 경험을 데이터로 전환하는 의식적인 순환입니다.
루프가 반복될수록 아이는 자신의 성장을 스스로 통제하는 힘을 얻습니다.

결과에 울고 웃는 아이가 아닌
루프를 돌리며 계속 진화하는 아이로

이제 루프는 완벽하게 유지하는 것이 아니라,
언제든 다시 '쉽게 시작할 수 있는 상태'로 관리하는 것입니다.

제 9 장

루프가 만드는 미래
: 지속 가능한 성장의 기술

성장은 한 번의 목표 달성으로 끝나지 않습니다. 어떤 시기에는 성취였던 일이, 다음 시기에는 다시 풀어야 할 과제가 되기도 합니다. 그래서 진짜 성장의 목적은 '끝내는 것'이 아니라, 계속 움직일 수 있는 시스템을 만드는 일에 가깝습니다.

7장에서는 10대의 삶을 하나의 성장 시스템으로 바라보는 틀을 설계했고, 8장에서는 그 시스템을 일상 속에서 실제로 돌리는 방법을 살펴보았습니다.

이제 9장에서는 개인의 성장 루프가 어떻게 삶 전체로 확장되어 지속되고, 나아가 '나 하나'를 넘어 공동체로 이어지는지를 살펴봅니다.

많은 사람은 성장을 결승선처럼 생각합니다.

"어느 대학에 들어가면", "어떤 성과를 내면" 그 이후에는 성장이 끝날 것처럼 느끼기도 합니다. 그러나 실제 삶에서 성장은 직선이 아니라 순환에 가깝습니다. 하나의 루프가 마무리되면 그 경험은 사라지는 것이 아니라, 다음 루프의 토대가 되어 더 넓은 궤적을 만들어 냅니다.

하버드대 심리학자 로버트 키건Robert Kegan은 인간의 발달을 "스스로를 해체하고 재구성하는 자기갱신Self-transforming의 과정"이라고 설명했습니다.[26] 성장은 지식과 기술을 더하는 수준을 넘어, 자신을 바라보는 시야가 어떻게 바뀌는가의 문제입니다.

이 시야의 변화는 피드백 루프를 통해 이루어집니다. 실패와 성찰을 반복하며 스스로를 다시 설계할 때, '나'라는 시스템은 점점 더 정교해지고 유연해집니다. 이 인식은 특히 10대에게 중요합니다. 성장은 시험 점수나 대학 이름으로 완성되지 않습니다. 루프를 통해 자신을 이해하고, 변화를 설계하고, 다시 조정할 수 있을 때 비로소 성장의 주인이 나 자신이 됩니다.

> **"성장은 끝이 아니라 재설계의 과정입니다.**
> **루프가 돌아갈수록, 더 나은 내가 됩니다."**

>>> 번아웃 없는 성장의 속도

성장을 지속시키는 힘은 단순한 의지나 노력에서 나오지 않습니다. 지속 가능한 성장의 핵심은 에너지의 리듬을 이해하고 관리하는 능력에 있습니다. 연구에 따르면 인간의 두뇌는 약 90~120분 단위로 집중과 피로가 반복되는 울트라디안 리듬Ultradian Rhythm을 따릅니다.27) 몰입의 시간 뒤에는 반드시 회복의 시간이 필요합니다.

이 리듬을 무시하고 계속 달리면, 뇌는 에너지를 방어적으로 차단하고 집중력과 의욕은 오히려 급격히 떨어집니다. 우리가 흔히 말하는 번아웃입니다.

지속 가능한 루프를 만들기 위해 중요한 것은 "얼마나 오래 버티느냐"가 아니라, "어떤 리듬으로 움직이느냐"입니다. 10대라면 다음 네 가지 리듬만 점검해도 성장의 속도는 크게 달라질 수 있습니다.

- 학습 리듬: 60~90분 집중 후 짧은 휴식
- 신체 리듬: 하루에 2~3번, 짧게라도 몸을 움직이는 시간
- 수면 리듬: 기상·취침 시간이 크게 흔들리지 않는 패턴
- 디지털 리듬: 필요할 때 정해진 횟수만 확인하는 사용 습관

에너지를 관리하는 사람은 목표를 향해 무작정 달리는 사람이 아니라, 목표를 향해 흐르는 사람입니다. 이 흐름이 번아웃 없이 오래가는 성장의 조건입니다.

"노력은 순간을 바꾸지만, 리듬은 인생을 바꿉니다."

>>> 성장은 나를 이해하는 또 다른 경로

성장은 단순히 '더 나은 나'가 되는 과정이 아닙니다. 더 깊은 차원에서 보면, 성장은 나를 이해해 가는 과정이기도 합니다. 아무리 정교한 루프를 설계해도 그 중심에 "왜 이 일을 하는가?"라는 질문이 없다면 오래 지속되기 어렵습니다. 의미 없는 루프는 쉽게 멈춥니다. 빅터 프랭클Viktor Frankl은 "인간이 쾌락이나 성공이 아니라, 의미의 추구로 살아간다"고 말했습니

다.[28] 10대에게 의미란 거창한 철학이 아니라, 내가 지금 이걸 배우는 이유는 무엇인가?, 내가 친구를 돕는 이유는 무엇인가?, 내가 상상하는 미래는 무엇을 향해 있는가? 를 스스로 묻고, 작은 답을 적어 보는 과정입니다.

라이프엔지니어링에서는 이 과정을 의미 루프라고 부릅니다. 구조는 '경험 → 질문 → 통찰 → 작은 실천 → 다시 확인'으로 단순합니다.

- 경험: 오늘 가장 몰입했던 순간을 떠올리고
- 질문: 왜 그 순간이 나에게 특별했는지 묻고
- 통찰: 그 안에 담긴 나의 가치와 욕구를 발견하고
- 실천: 그 가치를 일상에서 조금 더 자주 실행해 보고
- 다시 확인: 그 결과가 어떤 감정과 확신을 남겼는지 돌아보는 루프

이 루프가 작동하기 시작하면, 성장은 더 이상 외부 평가의 결과가 아니라 내면의 방향성이 또렷해지는 과정으로 바뀝니다.

"의미를 중심에 둔 사람은, 다양한 상황 속에서도 덜 흔들립니다."

➤➤➤ 나의 성장이 세상을 향할 때

성장은 나만을 위해 사용할 때보다, 누군가와 연결될 때 더 깊어집니다. 라이프엔지니어링에서는 이를 기여 루프라고 부릅니다. 내가 얻은 것과 배운 것을 다시 바깥으로 흘려보내는 순환입니다.

심리학자 마틴 셀리그먼Martin Seligman은 행복을 쾌락의 삶, 몰입의 삶, 의미의 삶으로 구분하며, 자신의 강점을 타인을 위해 사용할 때 가장 깊은 만족감을 느낀다고 말합니다.[29] 10대에게 기여 루프는 거창한 봉사가 아닙니다.

- 친구의 고민을 진심으로 들어주는 일
- 학급에서 맡은 역할을 책임감 있게 수행하는 일
- 내가 이해한 내용을 친구나 후배에게 설명해 주는 일
- 지역사회의 이슈에 작은 관심을 가지고 의견을 나누는 일

이런 행동들이 반복될 때, 나의 성장은 세상과 연결된 루프가 됩니다. 사회적 연결은 정서적 안정에도 큰 영향을 줍니다. 심리학자 레블린과 우치노Reblin & Uchino는 "안정적인 사회적 연결을 가진 사람일수록 신체적·정신적 건강 수준이 더 높게 유지된다"고 말합니다.[30]

"성장은 혼자 오르는 산이 아니라, 여럿이 함께 걷는 길입니다."

>>> 일상의 루프가 만드는 자기 업그레이드 시스템

진짜 성장은 특별한 순간이 아니라, 매일의 루프가 돌아가는 일상 속에서 일어납니다.

하루의 진단, 주간의 피드백, 월간의 재설계가 반복되면 삶 전체는 점점 순환하는 하나의 시스템으로 작동하기 시작합니다. 신경과학자 노먼 도이지Norman Doidge는 "인간의 뇌는 매일 새로운 연결을 만들며, 경험에 따라 스스로를 다시 설계한다"고 말합니다.[31]

우리의 마음과 정체성 역시 이와 크게 다르지 않습니다. 의식적인 루프를 통해 자신을 관찰하고 조정할 때, 우리는 스스로를 계속 새롭게 만들어 갈 수 있습니다. 이 책에서 말하는 '자기 업그레이드'는 다음의 세 단계를 반복하는 구조입니다.

- **인식**: 지금의 나를 있는 그대로 바라봅니다.
- **조정**: 불필요한 습관을 덜어내고, 나에게 맞는 새로운 리듬을 만듭니다.
- **갱신**: 새로운 관점으로 삶의 의미를 다시 연결합니다.

이 세 단계를 의식적으로 반복할수록, 루프는 단순한 행동 관리 도구를 넘어 나를 키우는 생명 시스템으로 작동합니다. 그래서 라이프엔지니어링은 단순한 자기계발이 아니라, '삶을 운영하는 기술'에 가깝습니다. 이 기술을 익힌 사람에게 변화는 더 이상 두려움의 대상이 아닙니다. 어떤 상황에서도 "다시 설계하고, 다시 돌릴 수 있는 루프가 있다"는 감각을 갖게 되기 때문입니다.

성장이 멈추지 않는 이유는 의지가 아니라, 루프가 있기 때문입니다.

그리고 그 루프들이 모여 '삶이 나를 키우는 시스템'을 만듭니다.

10대가 자신의 리듬을 읽고, 조정하고, 다시 설계하는 경험을 반복할수록 루프는 더 이상 개인 안에만 머물지 않습니다. 한 사람의 루프가 안정되면, 그 리듬은 자연스럽게 관계로 번져 갑니다. 관계의 루프는 다시 하나의 공동체 루프를 형성합니다. 그 영향은 가장 가까운 자리에서부터 드러납니다.

가족의 일상이 조금 더 부드럽게 정돈되고, 친구와의 갈등이 서서히 줄어들며, 학급과 학교의 행동 패턴에도 작은 변화가 퍼져 나갑니다. 이는 성장 루프가 본질적으로 연결 속에서 강화되는 구조이기 때문입니다.

실패는 끝이 아니라 성장을 위한 루프의 한 조각입니다.
라이프엔지니어링에서 실패는
시스템을 고치라는 '구조적 수정 신호'일 뿐이니 좌절할 필요가 없습니다.
넘어지는 것이 문제가 아니라, 다시 설계하지 않는 것이 문제입니다.

감정으로 반응하면 무너지고, 데이터로 분석하면 성장합니다.
성공은 타고난 재능이 아니라, 실패를 처리하는 피드백 능력의 결과입니다.
내 몸과 마음의 리듬을 존중하세요.
너무 몰아붙이지 않아야 루프가 오래갑니다.

실패를 이기는 진화 공식

$$f(\mathcal{F}ail) \xrightarrow{\mathcal{F}eedback} \mathcal{D}ata \xrightarrow{\mathcal{U}pgrade} \mathcal{G}rowth$$

중요한 것은 실패 그 자체가 아니라, 그것을 처리하는 방식입니다.
실패에서 배운 점을 데이터로 뽑아내어
나의 시스템을 조금만 고쳐보세요.
그러면 다음번에는 반드시 이전보다 더 나은 내가 됩니다.

데이터로 막연한 불안을 이겨내고
설계로 내 삶의 주도권을 되찾으며
매일 조금씩 더 나은 나를 만나라

라이프엔지니어링은 단순히 효율을 높이는 도구가 아닙니다.
어떤 미래가 와도 내 리듬을 잃지 않고 개척해 나가는
'인생의 운영 철학'입니다.

PART
4
Life Engineering

함께 성장하는 시스템
가정·학교·사회를 잇는 라이프엔지니어링

성장은 개인의 의지만으로 지속되지 않는다. 가정·학교·사회가 연결된 루프를 형성할 때 안정적으로 확장된다. 어른의 역할은 정답을 주는 것이 아니라, 아이의 루프가 멈추지 않도록 함께 돌려주는 것이다.

제 10 장

입시 중심 사회의 한계를 극복할 10대의 자기 성장 시스템

아이의 성장은 혼자 이루어지지 않습니다. 가정에서의 대화, 교사의 피드백, 친구의 격려 한마디는 아이의 성장 루프에 작은 에너지를 더해 주며 방향을 지켜 줍니다. 앞서 살펴본 내용이 '나를 설계하고 성장시키는 개인의 시스템'이었다면, 이제는 그 시스템이 관계와 환경 속에서 어떻게 확장되는지를 살펴볼 차례입니다.

성장은 개인의 노력만으로 유지되지 않습니다. 관계 속에서 이어지고, 연결 속에서 순환합니다. 부모와 교사, 또래와 지역사회가 서로의 루프를 지지할 때 아이의 성장 루프는 멈추지 않고 흐릅니다. 이 장에서는 이러한 순환 구조, 즉 '함께 성장하는 생태계'가 어떻게 만들어지고 작동하는지를 살펴봅니다.

성장은 개인의 의지나 노력만으로 설명되기 어렵습니다. 그 이면에는 언제나 관계, 환경, 구조라는 시스템적 힘이 작용합니다. 잠재력이 큰 아이라도 불안정한 환경에서는 역량을 온전히 발휘하기 어렵습니다. 반대로 따뜻한 피드백과 심리적으로 안전한 관계 속에서는 스스로 변화하는 힘이 자연스럽게 드러납니다.

앞에서 삶을 하나의 시스템으로 바라보았다면, 이제 그 시선을 개인의 바깥으로 확장해 보아야 합니다. 성장은 고립된 개인의 루프가 아니라, 그를 둘러싼 여러 루프가 상호작용하는 과정 속에서 완성됩니다. 아이가 자신의 루프를 돌릴 때, 부모의 정서 루프와 교사의 학습 루프가 함께 움직여야 전체 성장 구조가 안정됩니다.

성장이 시스템의 현상으로 작동하기 위해서는 다음과 같은 조건이 필요합니다.

- **예측 가능한 구조**: 일정한 생활 리듬과 일관된 피드백은 아이에게 심리적 안정감을 제공합니다.
- **정서적 안정감**: 가족·교사·또래와의 긍정적 정서 교류는 루프의 에너지를 충전합니다. 특히 부모의 정서 리듬은 아이의 신경계 조절력에 직접적인 영향을 미칩니다.[1]
- **피드백의 연결성**: 작은 변화라도 누군가가 '보고, 반응해 주는 경험'은 루프에 지속적인 동력을 만듭니다.

루프는 연결될 때 확장됩니다. 나의 루프, 타인의 루프, 공동의 루프가 만나며 만들어지는 상호작용을 이 책에서는 '관계적 루프'라고 부릅니다.

- **개인 루프**: 나 자신을 진단하고 설계하는 과정
- **상호 루프**: 친구·교사·부모 간 피드백이 오가는 상호작용
- **공동 루프**: 학급·가정·팀이 공동의 목표를 공유하며 순환하는 구조

이 세 가지 루프가 연결되면 성장은 '공진(共振)'처럼 확산됩니다. 한 학생의 작은 시도, 교사의 짧은 한마디, 친구의 응원이 서로에게 리듬을 만들어 주기 때문입니다.

관계적 루프는 다음 세 가지 법칙에 따라 움직입니다.

〈표〉 관계적 루프의 세 가지 작동 법칙

법칙	설명	예시
공명 (Resonance)	한 사람의 감정·행동 에너지가 타인의 루프에 영향을 미침	학생의 긍정적 시도 → 학급 분위기 변화
상호 조율 (Co-regulation)	서로의 리듬을 맞추며 안정감을 형성	교사의 호흡과 어조 학급의 긴장도를 낮춤
순환 (Circulation)	주고받는 피드백이 시스템 전체의 학습을 촉진	학생→교사→학생으로 피드백이 다시 환류됨

사회심리학자 앨버트 반두라Albert Bandura는 이를 '상호 결정론'이라 부르며, 인간의 행동과 환경은 끊임없이 서로를 변화시킨다고 말합니다.[2] 루프는 고립된 장치가 아니라, 상호 피드백으로 엮인 네트워크입니다.

가정에서 부모의 감정 루프는 아이의 자율 루프와 연결됩니다. 교실에서의 학습 루프 역시 교사의 정서 상태에 따라 안정되거나 흔들립니다. 이것이 바로 정서적 동조의 작동 방식입니다.[3]

"루프는 혼자 도는 기계가 아니라,
서로의 감정과 의미가 엮여 돌아가는 관계의 구조입니다."

>>> 관계 속에서 피어나는 성장

아이들이 새로운 것을 배우거나 시도할 때 가장 먼저 마주하는 감정은 '불안'입니다. 결과를 예측할 수 없고, 실수할 가능성도 있으며, 주변의 시선과 반응이 신경 쓰이기 때문입니다. 그래서 성장을 가능하게 하는 첫 번째 조건은 능력이나 의지가 아니라, 불안을 견딜 수 있는 환경을 만드는 일입니다. 이 환경을 심리학에서는 심리적 안전감이라 부릅니다. 하버드대학교의 에이미 에드먼슨Amy Edmondson은 심리적 안전감을 "실수나 질문, 새로운 시도가 비난의 대상이 되지 않는 분위기"라고 정의했습니다.[4] 조직 연구에서 출발한 개념이지만, 이 원리는 학교와 가정에서도 그대로 적용됩니다.

청소년에게 안전감은 단순한 편안함이 아닙니다. 그것은 '내 속도를 유지해도 괜찮다'는 내면의 신호이며, 새로운 시도를 가능하게 하는 심리적 기반입니다. 학교 수업만 살펴보아도 그 차이는 분명하게 드러납니다. 실수를 하면 비웃음이 돌아오는 교실에서는 아무도 손을 들지 않습니다. 반대로, 틀리더라도 "좋은 시도였어"라는 말이 돌아오는 교실에서는 학생들이 훨씬 자유롭게 참여합니다. 이때 나타나는 변화는 단순한 분위기의 차이가 아닙니다. 학습자의 뇌 반응 자체가 달라진다는 점이 중요합니다.

미국 UCLA의 정신과 의사 대니얼 시걸Daniel Siegel은 "뇌는 관계 속에서 형태를 만듭니다"라고 말합니다.[5] 그는 아이가 성인과 조율된 상호작용을 경험할수록 전전두엽이 안정적으로 발달한다고 강조합니다. 아이는 배움과 도전, 그리고 실수의 순간마다 곁에서 호흡을 맞춰주는 어른의 반응을 통해, 신경계 전체로 "이것은 안전한 경험입니다"라는 신호를 학습하게 됩니다.

부모가 아이의 감정을 조율해 주면, 아이의 신경계는 점차 스스로 감정을 다루는 법을 배우게 됩니다. 교사가 학생의 실수를 받아들이면, 학생의 뇌는 방어 상태를 벗어나 '탐색 모드'로 전환되며, 새로운 시도를 학습의 일부로 인식하게 됩니다. 즉, 관계는 뇌의 학습 환경이자 조절 메커니즘입니다. 공감적인 관계 안에서 아이의 성장 루프는 자연스럽게 회복력을 얻게 됩니다.

나아가 협력적 관계가 만들어내는 시너지는 신경과학적으로도 분명하게 확인됩니다. 뇌의 거울신경세포_{Mirror Neurons}는 타인의 감정과 행동을 관찰할 때 활성화되며, 상대의 정서와 집중 상태를 자연스럽게 담아내도록 돕습니다. 아이들이 서로 도와주거나 함께 학습할 때 이 거울신경이 활성화되며, 공동의 집중 상태가 형성됩니다.[6] 이때 학습 효율과 기억 유지력은 눈에 띄게 높아집니다.

관계는 단순한 정서적 지지가 아닙니다. 그것은 학습이 가능해지는 신경학적 조건입니다. 10대에게 안전한 관계란 두려움 없이 탐색할 수 있는 심리적 토양을 제공하는 것입니다. 따라서 성장 루프는 혼자 돌릴 때보다, 관계가 함께 움직여 줄 때 훨씬 더 강한 힘을 얻게 됩니다. 이 장에서 말하는 공동체 기반의 성장 시스템은 바로 이러한 신경학적·심리적 토대 위에서 출발합니다.

▶▶▶ 가정·학교·지역사회가 만드는 '공유된 성장 구조'

10대의 성장 루프가 장기적으로 지속되기 위해서는 세 가지 루프가 함께 작동해야 합니다. 바로 가정–학교–지역사회가 연결되는 공유 루프_{shared loop}입니다. 이 세 영역이 분리된 채로 움직일 때 성장은 일시적인 경험에 그치지만, 루프로 연결될 때 비로소 삶의 구조로 정착됩니다.

① 가정의 루프 – 감정과 회복의 리듬

가정은 아이의 정서 루프가 시작되는 최초의 환경입니다. 가족 간의 대화 방식, 하루를 운영하는 리듬, 부모의 피드백 태도는 아이의 자기조절력과 회복탄력성에 직접적인 영향을 미칩니다. 가정에서 형성된 정서적 안정감은 이후 모든 성장 루프의 기반이 됩니다.

[가족 성장 대화 루틴 예시]

- "오늘 하루 중 가장 의미 있었던 순간은 무엇이었니?"
- "다시 해보고 싶은 일은 무엇이니?"
- "그 경험에서 배운 점은 무엇이니?"

이와 같은 '가족 피드백 루틴'은 아이의 내적 루프를 안정시키고, 감정을 언어로 정리하는 힘을 길러줍니다. 이는 아이가 실패나 좌절을 겪었을 때도 다시 회복할 수 있는 정서적 리듬을 형성하는 데 중요한 역할을 합니다.

② 학교의 루프 – 협력과 피드백의 구조

학교는 아이의 학습 루프가 본격적으로 작동하는 중심 공간입니다. 루프형 학급 운영의 핵심은 성과 중심의 평가가 아니라, 과정 중심의 성장 피드백에 있습니다.

[학급 루프 실천 예시]

- 또래 피드백 카드: 친구의 시도에 대한 짧은 관찰과 응원 메모
- 주간 루프 저널: 한 주간의 배움과 깨달음을 기록
- 공동 프로젝트 루프: 학생이 스스로 역할을 정하고 순환 피드백

이 과정에서 교사는 결과를 판단하는 평가자가 아니라, 루프가 원활히 작

동하도록 돕는 루프 촉진자_{Loop Facilitator}의 역할을 수행합니다. 학생이 스스로 시도하고, 점검하고, 다시 조정할 수 있도록 학습 환경을 설계하는 것이 교사의 핵심 역할이 됩니다.

③ 지역사회의 루프 – 세대와 사회의 연결

성장은 학교 담장 안에 머물러서는 지속되기 어렵습니다. 지역사회는 청소년에게 자신의 성장이 사회와 연결된다는 감각을 제공하는 기여 루프의 장입니다.

[지역 루프 실천 예시]

- 세대 간 멘토링 프로그램: 청소년–시니어 간 지혜와 경험의 교류
- 지역 문제 해결 프로젝트: 학교–지자체가 협력하는 실제 과제 수행
- 청소년 자율 기획 봉사 루프: 내가 할 수 있는 작은 변화를 직접 실천하는 경험

이러한 경험을 통해 아이는 '나의 성장 → 타인의 성장 → 공동체의 변화'로 이어지는 의미의 순환 구조를 체감하게 됩니다. 성장의 방향이 자기 자신을 넘어 사회로 확장되는 순간입니다.

④ 삼중 성장 생태계 — Triple Growth System

가정, 학교, 지역사회의 루프는 각각 독립적으로 존재하지만 서로 연결됩니다.

영역	역할	루프 작동 방식
가정	정서적 회복 루프	감정 대화·성장 일기·공감적 피드백
학교	학습·성찰 루프	또래 피드백·협력 프로젝트·루프형 평가
지역사회	기여·확장 루프	사회 참여·세대 간 교류·미래 설계 활동

이 세 루프가 연결될 때, 성장은 개인의 경험을 넘어 공유된 리듬이 됩니다. 아이의 루프가 가정에서 안정되고, 학교에서 확장되며, 지역사회 속에서 의미로 연결될 때 비로소 진정한 성장 생태계가 완성됩니다. 성장은 나 혼자 완성되지 않습니다. 함께 성장할 때, 루프는 생태계가 됩니다.

이제 성장의 중심은 개인이 아니라 관계와 시스템입니다. 부모와 교사, 지역사회가 서로 연결될 때 아이의 성장 루프는 멈추지 않습니다. 한 아이의 변화가 또 다른 아이를 움직이고, 한 가정의 루틴이 또 다른 가정으로 확산됩니다.

라이프엔지니어링은 이 모든 과정을 '의식적으로 설계하는 기술'입니다. 관계를 하나의 시스템으로 바라보고, 그 안에서 성장 루프를 지속 가능하게 만드는 것. 그것이 10대의 라이프엔지니어링이 지향하는 '함께 성장하는 생태계'의 진정한 의미입니다. 성장은 개인의 여정이 아니라, 함께 순환하는 관계의 리듬입니다.

성장은 혼자만의 힘으로 완성되지 않습니다.
내 삶의 루프가 가족, 친구, 이웃의 루프와 기분 좋게 맞물려 돌아갈 때,
성장은 비로소 지치지 않고 오래 지속될 수 있습니다.
성장은 개인의 고독한 싸움이 아니라,
'서로 연결된 시스템'이 만드는 자연스러운 결과입니다.

아이의 루프는 부모의 정서 리듬, 선생님의 피드백과 함께 돌아가는
커다란 톱니바퀴입니다.
가정은 마음을 회복하는 리듬을, 학교는 배움의 즐거움을 깨닫는
순환을 제공해야 합니다.
나만의 성장을 넘어 타인에게 기여할 때,
내 삶의 루프는 더 큰 에너지와 동력을 얻습니다.

성장을 돕는 관계적 루프의 3요소

- **예측 가능한 구조**: 서로의 루프가 언제, 어떻게 돌아가는지 이해하는 신뢰
- **정서적 안정**: 실패해도 비난받지 않고 다시 설계할 수 있다는 안도감
- **연결된 피드백**: 서로의 성장을 응원하며 함께 지도를 읽어주는 파트너십

개인의 성공을 증명하는 삶이 아닌
공동체의 리듬을 만드는 삶으로

이제 라이프엔지니어링은 나를 바꾸는 도구를 넘어,
우리 모두가 함께 행복해지는 '성장의 생태계'를 만드는 일입니다.

제 11 장

부모와 교사를 위한 라이프엔지니어링
: 길잡이의 역할

>>> 조력자의 세 가지 정체성: 안내자·촉진자·동반자

아이는 자기 성장 루프의 주체이지만, 그 루프를 지탱하는 에너지는 대부분 관계에서 나옵니다. 라이프엔지니어링의 관점에서 부모와 교사는 하나의 역할에 머무르지 않습니다. 이들은 상황에 따라 세 가지 정체성을 동시에 지닌 조력자입니다.

첫째, 길을 정해 주기보다 함께 지도를 펼쳐보는 안내자입니다.

둘째, 루프가 막히지 않도록 리듬과 환경을 조율하는 촉진자입니다.

셋째, 실패와 성공의 과정을 함께 견디며 걸어주는 동반자입니다. 특히 자신의 자녀나 학생일수록 주관적인 해석과 판단이 앞서기 쉽습니다. 그렇기 때문에 반응을 잠시 늦추고, 사실을 먼저 바라보는 거리두기와 메타인지가 필요합니다.

이 세 가지 정체성은 상황에 따라 오가며 작동하고, 균형을 이룰 때 아이의 성장 루프는 안정적으로 유지됩니다.

역할	의미	핵심 역량	실제 행동 예시
안내자 (Guide)	아이가 길을 잃지 않도록 방향을 함께 탐색한다.	관찰력·질문력	"너는 지금 어떤 것을 배우고 있다고 느껴?"
촉진자 (Facilitator)	루프가 막히지 않도록 환경을 설계하고 리듬을 조율한다.	시간·리듬 관리	공부보다 수면·휴식·대화의 균형 맞추기
동반자 (Companion)	실패와 시도, 피드백의 과정을 함께 겪는다.	감정 공감·인내력	"지금은 어려워도 괜찮아, 이 과정이 성장의 일부야."

① 안내자 — 방향을 함께 찾아주는 사람

안내자는 '정답을 아는 사람'이 아니라 '질문을 던져주는 사람'입니다. 아이가 "무엇을 해야 할지 모르겠다"고 말할 때, 곧바로 "그럼 너는 무엇이 되고 싶니?"라고 묻기보다는 "요즘 네가 중요하게 생각하는 것은 무엇이니?", "언제 가장 살아 있는 느낌이 들었니?"라고 묻는 편이 더 효과적입니다.

이러한 질문은 가시적인 목표보다 가치를 먼저 바라보게 합니다. 그리고 그 가치는 아이 성장 루프의 방향 축을 천천히 세워 줍니다. 이때 부모와 교사에게 가장 중요한 태도는, 속도가 느리더라도 아이가 스스로 자신의 결론에 도달할 때까지 기다려 주는 것입니다. 안내자의 역할은 아이 대신 답을 정해 주는 일이 아니라, 아이가 자신의 관심과 가치를 따라가 볼 수 있도록 옆에서 조용히 등불을 들어주는 일에 가깝습니다.

② 촉진자 — 루프를 멈추지 않게 돕는 사람

성장 루프는 완벽할 필요는 없지만, 멈추지 않는 것이 중요합니다. 촉진자는 아이가 성장 루프를 계속 돌릴 수 있도록 리듬과 구조를 정비하는 역

할을 맡습니다. 이때 촉진자는 아이를 밀어붙이는 관리자가 아니라, 흐름
이 다시 이어지도록 조건을 조율하는 사람입니다. 격려 역시 상황을 덮는
말이 아니라, 다음 행동을 가능하게 하는 지지가 되어야 합니다.

- **리듬 관리**: 공부·휴식·취미가 균형을 이루는 주간 루틴 설계
- **환경 조율**: 비교·불안·비판과 같은 잡음을 줄이고, 관심·칭찬·공감이라
는 안정적 신호를 강화
- **루프 점검**: 아이가 좌절할 때 "무엇이 막혔을까?"라는 질문으로 루프
를 다시 가동

신경과학자 앤토니오 다마지오 Antonio Damasio 는 "감정은 이성의 연료이며,
안정된 감정이 사고의 토대를 만든다"고 말했습니다.[7] 촉진자의 역할은 아
이의 감정 온도가 지나치게 높아지거나, 반대로 식어버리지 않도록 성장
에 적합한 상태를 유지해 주는 데 있습니다.

③ 동반자 — 실패 속에서도 함께 걷는 사람

성장은 결과보다 과정의 지속성에서 이루어집니다. 아이의 루프가 막힐
때, 부모와 교사가 함께 머물러 주는 시간 자체가 하나의 피드백이 됩니다.
시험을 망쳤을 때, 친구 관계에서 상처를 받았을 때, 아이는 스스로를 실패
자처럼 느끼기 쉽습니다.

이때 "그러게, 좀 더 열심히 하지 그랬어"라는 말보다 "속상했겠다. 그 상
황에서 버티느라 애썼구나"라는 말이 아이에게 훨씬 큰 에너지를 줍니다.
심리학자 브레네 브라운 Brené Brown 은 "진정한 공감은 누군가의 감정 속으로
함께 내려가는 용기"라고 말했습니다.[8]

성장에는 이러한 감정의 동반이 필요합니다. 동반자는 문제를 대신 해결
해 주는 사람이 아니라, 아이가 다시 걸을 수 있을 때까지 옆에서 함께 머
무는 사람입니다.

⟫⟫ 답을 주지 말고, 루프를 돌려라

아이와의 대화는 자칫 '잔소리'와 '상담' 사이를 오가기 쉽습니다. 그러나 루프 관점에서 대화의 목적은 아이의 생각을 바꾸는 데 있지 않습니다. 그보다는 아이가 스스로 성장 루프를 다시 돌려볼 수 있도록 돕는 데 있습니다. 즉, 대화의 초점은 '설득'이 아니라 '순환'에 맞춰져야 합니다. 이를 위해 활용할 수 있는 대화의 기본 모델은 다음과 같습니다.

① 루프의 5단계 대화 모델

단계	목적	질문 예시
1단계: 진단 (Diagnose)	현재 상태를 스스로 인식하도록 돕는다.	"지금 뭐가 제일 어렵게 느껴져?"
2단계: 통찰 (Awareness)	감정·가치·의미를 자각하게 한다.	"그 일은 너한테 어떤 의미가 있어?"
3단계: 설계 (Design)	구체적 실행 루틴을 함께 만든다.	"내일은 어떤 순서로 시도해 볼까?"
4단계: 실행 (Action)	시도와 실험의 과정을 지원한다.	"내가 도와줄 부분이 있을까?"
5단계: 피드백 (Reflection)	루프를 마무리하며 배운 점을 찾는다.	"이번 경험에서 배운 건 뭐야?"

이 다섯 단계는 대화를 '문제 지적'에서 벗어나, '루프 설계'와 '되돌아보기'로 이동시키기 위한 간단한 질문 구조입니다. 여기서 중요한 것은 질문의 개수나 형식이 아니라, 대화의 방향입니다. 대화가 "왜 그랬어?"에 머무르지 않고, "그래서 다음에는 어떻게 해볼까?"를 향하고 있는지가 핵심입니다.

② **루프 대화법**

㉠ **경청이 먼저다.**

들기 전에 판단하지 않습니다. 침묵은 '비어 있는 공간'이 아니라, 아이가 자신의 생각과 감정을 스스로 정리할 수 있도록 돕는 심리적 여백입니다.

㉡ **문제보다 의미에 초점을 둔다.**

"왜 실패했니?"보다는 "이 경험에서 배운 점은 무엇이니?"라고 묻습니다. 의미 중심의 피드백은 좌절을 배움으로 전환시킵니다.

㉢ **작은 루프를 설계한다.**

거창한 계획보다 "내일 한 가지 바꿔볼 점"을 정합니다. 루프는 작을수록 실행 가능성이 높아지고, 실행될수록 더욱 단단해집니다.

심리학자 칼 로저스Carl Rogers는 "사람은 자신을 진심으로 이해해 주는 관계 속에서만 변화한다"고 말했습니다.[9] 루프 대화는 아이를 '고쳐야 할 대상'이 아니라, '자기 삶을 설계하는 사람'으로 대하는 태도에서 출발합니다. 조언은 방향을 알려주지만, 질문은 10대가 스스로 그 방향을 향해 걸어가게 만듭니다.

>>> 감정의 리듬 읽기

앞 장에서 살펴보았듯이, 아이의 성장 루프는 생각보다 감정의 영향을 크게 받습니다. 전전두엽이 계획과 집중을 담당한다면, 그 아래에서 감정과 몸의 상태를 조율하는 시스템은 일종의 '기초 공사'에 해당합니다. 이 기초가 흔들리면, 아무리 잘 설계된 계획이라도 실행으로 이어지기 어렵습니다.

부모와 교사는 아이의 감정을 대신 해결해 줄 수는 없지만, 감정의 리듬을 함께 읽고 맞춰 줄 수는 있습니다. 아이가 예민해져 있을 때 "별것도 아닌 일에 왜 그래?"라고 말하면, 아이의 신경계는 오히려 더 높은 경계 상태로 올라갑니다. 반대로 "오늘 유난히 예민해 보이네. 오늘 하루가 많이 힘들었어?"라고 묻는 말은, 아이의 신호를 받아들였다는 메시지를 전합니다. 그 순간 아이의 몸은 '방어 모드'에서 조금씩 내려오기 시작합니다.

스티븐 포지스Stephen Porges의 다중신경이론Polyvagal Theory에 따르면, 인간의 신경계는 위협을 느끼면 싸우거나 도망가려는 모드로 전환되고, 안전을 느끼면 다른 사람과 연결하고 배우려는 모드로 전환됩니다.[10] 학습은 후자의 상태에서 가장 잘 일어납니다. 부모나 교사의 목소리 톤, 말의 속도, 표정, 몸의 긴장도는 모두 아이의 몸에 "지금은 안전하다 / 아니다"를 알려주는 신호로 작용합니다. 교실에서 "틀려도 괜찮아, 이건 연습이야"라는 말이 힘을 갖는 이유는 단순한 친절 때문이 아니라, 10대의 신경계를 학습 가능한 상태로 되돌려 놓기 때문입니다.

현장에서 바로 활용할 수 있는 감정 리듬 맞추기의 기본 순서를 정리하면 다음과 같습니다.

ㄱ **관찰**: 아이의 눈빛, 표정, 호흡을 비언어적으로 읽습니다.
ㄴ **공감**: "지금 마음이 복잡하구나." "그 일이 많이 힘들었겠다."
　　라고 말합니다.
ㄷ **기다림**: 아이가 감정을 스스로 표현할 수 있도록 시간을 줍니다.

이와 같은 작은 루프가 반복될 때, 아이는 감정을 숨기기보다 언어로 표현하는 연습을 하게 되고, 그 과정에서 자기조절 능력이 자랍니다. 공감은 감정의 부피를 줄여 주는 작업입니다. 부모와 교사가 감정의 리듬을 읽어 주는 사람일 때, 아이의 성장 루프는 덜 요동칩니다.

>>> 평가가 아닌 관찰의 언어

피드백은 성장 루프의 연료이지만, 잘못 사용되면 브레이크가 되기도 합니다. 똑같은 "잘했다"는 칭찬이라도, 그 방향이 아이의 바깥을 향하면 비교를 강화하고, 아이의 안을 향하면 성장을 강화합니다. 교육 연구자 존 해티John Hattie는 피드백이 학습에 미치는 영향이 매우 크다고 말합니다.[11] 다만 그 전제는, '무엇이 달라졌는지'를 구체적으로 짚어 주는 피드백입니다.

관찰 중심 피드백의 핵심은 '평가어'보다 '관찰어'를 사용하는 데 있습니다. "너는 항상 게을러" 대신 "요즘 숙제를 미루는 일이 자주 보이네"라고 말하고, "넌 진짜 똑똑해"보다는 "이번에는 틀린 문제를 끝까지 붙잡고 풀어낸 점이 인상적이었어"라고 말하는 편이 더 효과적입니다. 아이가 바꿀 수 있는 것은 성격이 아니라 행동이며, 피드백은 행동의 패턴을 비춰 주는 거울이어야 합니다.

이를 실제 문장으로 바꾸면 다음과 같습니다.

> - "성적이 떨어졌잖아."
>   → "이번 시험에서 특히 어려웠던 부분은 어디였어?"
>
> - "너는 왜 맨날 그 모양이니."
>   → "이번 주에 루틴이 자주 끊긴 것 같더라. 어디서부터 힘들게 느껴졌어?"
>
> - "그래도 이 정도면 잘한 거야."
>   → "지난번보다 스스로 시작한 시간이 앞당겨졌네. 그건 네가 만든 변화야."

또 하나 중요한 원칙은, 피드백의 끝을 항상 미래와 연결하는 것입니다. "그래서 다음에는 어떻게 해볼까?", "이번 경험을 다음에 비슷한 상황에서 어떻게 써먹어 볼 수 있을까?"라는 질문이 더해질 때, 피드백은 과거를 정리하는 말이 아니라 다음 루프를 여는 말이 됩니다. 하루에 한 번만이라도 "오늘 네가 스스로 뿌듯했던 점 한 가지, 그리고 내일 조금 바꿔보고 싶은 점 한 가지"를 함께 정리해 보기를 권합니다. 짧지만 이러한 피드백 루프가 아이의 자기 인식과 자기 조정 능력을 조금씩 키워 줍니다.

>>> 함께 배우는 성장

부모와 교사 자신도 루프 안에 있다는 사실을 잊지 않는 것이 중요합니다. 10대의 루프만 관리하려 들면, 관계는 곧 통제와 갈등으로 흐르기 쉽습니다. 반대로 "나 역시 내 루프를 돌리고 있다"는 감각을 가진 어른은, 10대에게 자신을 보다 솔직하게 보여줄 수 있습니다.

"나도 오늘 회사에서 이런 실수를 했는데, 이렇게 정리해 보려고 해."
"요즘 나도 잠이 부족해서 예민했어. 그게 너에게도 영향을 줬을 것 같아."
이러한 말은 약함을 드러내는 고백이 아니라, 루프를 돌리며 살아가는 한 인간의 모습입니다.

① 부모·교사의 루프 구조

루프는 복잡할 필요가 없습니다. 하루를 마칠 때,
"오늘 나는 언제 가장 예민했을까?",
"오늘 아이와의 대화에서 아쉬웠던 점 한 가지는 무엇이었을까?",
"내일은 무엇을 조금 다르게 말해볼까?"
이 정도만 짧게 적어 보아도 충분합니다.

교사라면 수업이 끝난 뒤, "오늘 이 활동에서 학생들이 더 집중했구나", "이 설명은 전달이 잘 되지 않았던 것 같다"를 간단히 메모하는 것만으로도 다음 수업의 루프가 달라집니다. 완벽한 부모나 교사가 되기보다, 자기 루프를 지속적으로 업데이트하는 사람이 되는 편이 훨씬 현실적입니다.

② 세대 간 루프의 확장

사회학자 피터 셍게Peter Senge는 학습 조직을 "함께 배우는 사람들이 만들어 내는 시스템"이라고 설명했습니다.[12] 가정과 학교도 다르지 않습니다. 부모와 교사가 '나는 이미 다 끝난 사람'이 아니라, '나도 배우고 있는 사람' 임을 스스로 인정하는 순간, 10대는 배움이 특정 시기에만 필요한 일이 아니라 평생 이어지는 과정임을 자연스럽게 받아들입니다. 라이프엔지니어 링은 10대에게만 적용되는 기술이 아닙니다. 부모와 교사가 자신의 삶을 조정하고 업데이트하는 모습을 보여줄 때, 아이는 말보다 훨씬 깊은 메시 지를 받습니다. 성장은 누군가가 가르치고 누군가가 따라오는 구조가 아 니라, 함께 루프를 돌려 보이는 관계 속에서 자랍니다.

이제 부모와 교사의 역할은 바뀌어야 합니다.
감독자에서 설계 파트너로. 지시자에서 코치로.

AI 시대의 교육은 답을 주는 것이 아니라
질문을 설계하도록 돕는 일입니다.
아이의 인생을 대신 설계할 수는 없습니다.
그러나 설계하는 방법은 함께 배울 수 있습니다.

**아이에게 줄 수 있는 최고의 선물은
안정이 아니라 설계력입니다.**

가정은 통제 공간이 아니라 실험 공간이 되어야 합니다.

제 12 장

부모와 교사를 위한
루프 실천 가이드

≫ 지속 가능한 성장의 출발점

진짜 성장은 한 시점의 성취가 아니라, 삶이 스스로 자라나는 순환 구조를 갖추는 것입니다. 아이의 성장이 멈추지 않으려면, 그 루프는 개인을 넘어 가정·학교·사회·세대로 이어져야 합니다.

이 책의 앞부분에서는 10대가 스스로 자신의 삶을 설계하고 운영하는 기술로서 라이프엔지니어링을 살펴보았습니다. 이제 시야를 조금 옮겨, 그 곁에서 아이를 지켜보고 돕는 부모와 교사의 루프를 중심에 두고자 합니다. 어른의 루프가 안정될 때, 아이의 루프는 더 멀리, 더 오래 흐를 수 있습니다.

부모와 교사는 종종 "아이를 위해"라는 말로 하루를 버팁니다. 그러나 루프의 관점에서 보면, 아이의 성장 루프는 부모와 교사의 감정·시간·관계·의미 루프 위에서 자라납니다. 가정과 교실이라는 환경은 단순한 배경이 아니라, 10대의 루프를 지탱하는 시스템입니다. 그래서 "아이를 어떻게 도울까?"라는 질문보다 먼저, 이렇게 물어야 합니다.

"나는 지금 어떤 루프 안에 살고 있는가?"

>>> 나의 루프 점검: 감정·시간·관계·의미의 네 축

부모와 교사의 루프는 감정, 시간, 관계, 의미라는 네 개의 축에서 움직입니다. 이 네 축은 서로 분리되어 있지 않고, 서로를 밀고 당기며 하나의 리듬을 만듭니다.

- **감정 루프** – 정서가 안정되면 관계가 열립니다
- **시간 루프** – 일정이 아니라 리듬을 설계하는 기술입니다
- **관계 루프** – 평가보다 관찰이 앞서는 대화입니다
- **의미 루프** – '해야 하는 삶'에서 '하고 싶은 삶'으로 옮겨 갑니다

이 네 축을 간단히 점검하는 것만으로도, 가정과 교실의 공기와 리듬은 충분히 달라질 수 있습니다.

① 감정 루프: 정서의 기후를 조율하는 힘

부모와 교사의 감정 루프는 가정과 교실의 정서적 기후와 같습니다. 긴장과 불안이 반복되면 아이의 신경계는 늘 '위협'에 대비하게 되고,[13] 안정과 공감이 반복되면 아이는 실수와 도전을 견딜 수 있는 회복력을 갖게 됩니다. 뇌과학 연구에 따르면, 이러한 정서적 환경은 아이의 감정 조절 능력과 사회적 뇌 발달에 직접적인 영향을 미칩니다.[14]

감정 루프의 출발점은 억누르기가 아니라 관찰입니다. 하루를 마무리하며 다음과 같이 짧게 적어보면 좋습니다.

- 오늘 나를 가장 기쁘게 한 순간은 무엇이었는가?
- 오늘 나를 가장 힘들게 한 순간은 무엇이었는가?
- 지금 내 감정을 한 단어(또는 색깔)로 표현한다면 무엇인가?
- 내일은 어떤 감정을 더 자주 느끼고 싶은가?

이 기록은 감정을 '좋다/나쁘다'로 판단하는 대신, 흐름을 데이터처럼 바라보는 연습입니다. 정서의 흐름이 보이기 시작할 때, 어른은 아이의 감정에도 덜 휘둘리고 더 안정적으로 반응할 수 있습니다.

② 시간 루프: 시간 관리가 아니라 에너지 순환 설계

많은 부모와 교사는 "시간이 부족하다"고 말합니다. 그러나 실제로 부족한 것은 시간 그 자체라기보다, 에너지가 순환될 수 있는 리듬입니다. 시간 루프의 목적은 해야 할 일을 더 많이 끼워 넣는 것이 아니라, 하루를 버틸 수 있는 최소한의 순환 구조를 회복하는 데 있습니다.

- 오늘 하루 중 에너지가 가장 높았던 시간은 언제였는가?
- 가장 집중하기 어려웠던 시간은 언제였는가?
- 그때 나는 무엇을 하고 있었는가?

이 세 가지 질문을 며칠만 기록해도, '나에게 맞는 하루의 리듬'이 서서히 드러나. 그 위에 아주 작은 회복 루틴을 얹을 수 있습니다.

예를 들어, 아침에는 커피 한 잔과 함께 오늘 꼭 지키고 싶은 한 가지를 적고, 낮에는 3~5분간 깊게 호흡하며 몸의 긴장을 내려놓고, 저녁에는 감사했던 순간 하나와 수고한 자신에게 건네는 말 한 줄을 남겨봅니다. 시간 루프는 일정을 채우는 기술이 아니라, 에너지를 순환시키는 기술입니다.

③ 관계 루프: 평가 대신 관찰을 중심에 두는 대화

부모와 교사의 말 한마디는 아이의 루프에 즉각적인 변화를 일으킵니다. 결과 중심의 질문은 아이를 방어적으로 만들지만, 관찰 중심의 질문은 아이가 자신의 루프를 스스로 바라보게 돕습니다.

- 오늘 너 자신이 가장 자랑스러웠던 순간은 무엇이었니?
- 오늘 제일 즐거웠던 장면은 무엇이었어?
- 힘들었지만, 다시 한번 해보고 싶다고 느낀 일이 있었니?
- 요즘 네가 스스로 자랐다고 느끼는 부분은 어디일까?

이 질문들은 점수나 성과를 확인하기보다, 아이의 내적 경험과 과정을 드러냅니다. 관계 루프의 핵심은 '아이를 바꾸는 말'이 아니라, 아이의 루프를 스스로 보게 하는 말입니다.

④ 의미 루프: '해야 하는 삶'에서 '하고 싶은 삶'으로

부모와 교사가 자신의 삶의 이유를 잃어버리면, 일상은 금세 피로와 의무감으로 가득 찹니다. 의미 루프는 거창한 사명을 찾는 일이 아니라, 지금의 나에게 중요한 가치를 다시 정렬하는 과정입니다. 자기결정성 이론에 따르면, 인간은 자율성·유능감·관계성을 경험할 때 동기가 가장 건강하게 유지됩니다.[15] 한 달에 한 번, 다음 질문에 답해보면 좋습니다.

- 나는 왜 이 일을 계속하고 있는가?
- 요즘 내 삶에서 가장 중요한 가치는 무엇인가?
- 오늘 하루에 그 가치를 실천한 순간이 있었는가?

이 짧은 루프만으로도, '해야 해서 하는 일'은 '그래서 의미 있는 일'로 조금씩 옮겨가기 시작합니다. 의미 루프는 부모와 교사의 방향 감각을 회복시키는 루프입니다.

⑤ 부모·교사의 루프 점검

감정, 시간, 관계, 의미의 네 영역을 매일 빠짐없이 채울 필요는 없습니다. 일주일에 두세 번, 잠시 멈추어 점검하는 시간만으로도 루프는 달라집니다. 루프 점검은 부족함을 드러내는 검사가 아니라, 나의 리듬을 회복하는 재조정의 기술입니다.

▶▶▶ 회복 루틴과 가족·학급 시스템 만들기

자신의 루프를 점검했다면, 이제 루틴이라는 구조를 통해 루프를 지지하는 환경을 만들어야 합니다. 물론 현실에서는 이 루프가 자주 끊깁니다. 시험 기간, 업무 폭주, 아이의 반항이나 무기력, 교실의 돌발 상황이 겹치면 루틴은 쉽게 무너집니다. 중요한 것은 끊기지 않는 것이 아니라, 끊긴 뒤 다시 시작하는 힘입니다. "이번 주는 실패했다"가 아니라, "이번 주는 데이터가 쌓였다"고 해석하는 순간, 루프는 다시 돌아가기 시작합니다.

이 과정을 혼자 감당하려 하면 쉽게 지칩니다. 부모와 교사에게도 경험을 나누고 다시 시작할 수 있는 공동체가 필요합니다. 한 달에 한 번, 비슷한 고민을 가진 사람들과 '이번 달에 통했던 것과 통하지 않았던 것'을 나누는 작은 네트워크만으로도 루프는 훨씬 오래 유지됩니다.

① 하루 15분 루프 타임: 나를 다시 정렬하는 짧은 순환

하루 15분은 길지 않습니다. 그러나 의도적으로 마련한 15분은 하루 전체의 정서를 다시 정렬하기에 충분합니다. 예시 루틴은 다음과 같습니다.

- **1~5분**: 깊게 호흡하며 몸의 감각을 느끼고, 하루의 긴장을 내려놓습니다.
- **6~10분**: 오늘 있었던 일·감정·생각을 짧게 기록합니다.
- **11~15분**: 오늘의 감사 한 가지, 배운 점 한 가지를 적습니다.

이 짧은 루프 타임은 '실패한 하루'를 평가하는 시간이 아니라, 하루의 데이터를 정리하고 다음 루프를 설계하는 시간입니다.

② 주간 루프 일정표: 리듬을 구조로 만드는 법

가정과 학급의 리듬은 우연히 만들어지지 않습니다. 의도하지 않으면, 늘 가장 바쁜 사람의 일정이 나머지를 끌고 갑니다. 주간 루프는 "한 주에 이 정도는 꼭 지키자"고 약속하는 최소한의 리듬 장치입니다

〈예시〉 가족 주간 루프

요일	루프 테마	실천 예시
월요일	감정 진단 루프	저녁 식사 후 5분 산책, 오늘 기분 한 단어 나누기
수요일	가족 대화 루프	'오늘 좋았던 일 한 가지' 돌아가며 말하기
금요일	의미 회복 루프	'이번 주 감사했던 순간' 한 줄 쓰기

〈예시〉 학급 주간 루프

요일	루프 테마	실천 예시
월요일	정서 확인 루프	색깔 카드로 오늘 기분 표현하기
수요일	배움 루프	'오늘 배운 것 중 기억에 남는 한 가지' 적기
금요일	협력 루프	'고마운 친구 한 명'을 떠올려 이유 적기

주간 루프의 목적은 일을 더 늘리는 것이 아니라, 정서·대화·의미의 순환이 끊기지 않도록 붙잡아 두는 데 있습니다.

③ 가족·학교의 '리듬을 다시 맞추는 날'

가족과 학급의 루프는 살아 있는 구조입니다. 시험 기간, 업무 폭주, 예상치 못한 사건들로 언제든 흐름이 깨질 수 있습니다. 그래서 한 달에 한 번쯤은 리듬을 다시 맞추는 날, Retune Day가 필요합니다.

[진행 예시(월 1회, 40~60분)]

- 감정 루프 공유: 이번 달에 나에게 힘이 되었던 일과 힘들었던 일을 한 가지씩 나눕니다.

- 시간 루프 점검: 우리 가족·학급의 리듬 중 바꾸고 싶은 한 가지를 이야기합니다.

- 의미 루프 나눔: 요즘 나에게 중요한 가치 한 가지와 그 이유를 나눕니다.

- 다음 루프 결정: "다음 달에는 이 루프를 함께 만들어보자"라는 한 가지를 정합니다. 이 시간의 목적은 문제를 해결하는 데 있지 않습니다. "지금 우리의 루프는 어디쯤 와 있는가?"를 함께 바라보는 데 있습니다.

>>> 부모·교사의 루프가 아이와 미래를 바꾼다

이제 시야를 조금 더 넓혀 보겠습니다. 부모와 교사가 자기 루프를 정렬하기 시작하면, 그 영향은 가정과 교실을 넘어 '우리'와 '미래'의 루프로까지 확장될 수 있습니다.

① 나의 루프 → 우리의 루프

한 사람의 루프가 안정될 때, 그 리듬은 주변으로 퍼져나갑니다. 가정에서는 부모의 감정 루프와 자녀의 성장 루프가 공감적 리듬으로 맞물리고,

학교에서는 교사의 피드백 루프와 학급의 협력 루프가 서로의 성장 에너지를 자극합니다. 루프는 혼자 도는 것이 아니라, 서로의 리듬을 타고 이어집니다.

신경과학 연구들에 따르면, 인간의 뇌는 원래 사회적 연결을 위해 설계되어 있으며, 타인의 표정·목소리·몸짓에 민감하게 반응합니다.[16] 다시 말해 개인의 루프는 언제나 관계 속에서 작동합니다.

부모와 교사가 자신의 감정·시간·관계 루프를 정직하게 드러내며 10대와 대화할 때, 아이는 '완벽한 사람'이 아니라 '함께 배우는 사람'을 보게 됩니다. 그 경험이 바로 나의 루프가 우리의 루프로 확장되는 순간입니다.

[예시 대화]

- 부모: "오늘은 엄마도 회사에서 많이 지쳐서, 저녁에 예민했어. 그게 네 탓은 아니야. 내 루프가 꼬였던 거야."
- 아이: "저도 오늘 학교에서 시험 망친 것 때문에 계속 찜찜했어요."
- 부모: "그럼 우리 내일은 '루프 회복 데이'로 하고, 저녁에 같이 산책 루틴을 만들어 볼까?"

이 대화는 "누가 잘못했는가?"를 따지는 대신, 각자의 루프를 함께 바라보는 대화입니다. 그 순간 가족은 하나의 관계 루프를 함께 돌리고 있습니다.

② 우리의 루프 → 다음 세대의 루프

학습은 세대 간에 순환합니다. 어른이 배우는 모습 자체가 아이에게는 '성장의 모델'이 됩니다. 부모가 새로운 기술을 배우고, 교사가 변화에 적응하며 자신의 수업을 재설계하는 모습은 10대에게 "배움은 끝나지 않는다"는 메시지를 줍니다. 이것이 바로 '세대 간 루프'의 본질입니다. 즉, 배움이 한 세대에서 다음 세대로 이어지고, 다시 되돌아오며 서로를 성장시키는 구조입니다. 아이의 성장은 부모와 교사의 배움 위에서 자라고, 부모와 교사의 성장은 아이의 호기심 위에서 이어집니다.

교육학자 피터 셍게Peter Senge는 "학습조직의 본질은 세대 간 순환에 있다"고 강조했습니다.[17] 학교와 가정이 연결되어 배우고 피드백을 주고받는 사회가 곧 '지속 가능한 학습 사회'입니다. 이러한 세대 루프를 만드는 방법은 다음과 같은 세 가지로 정리할 수 있습니다.

〈표〉 세대 루프를 만드는 세 가지 방법

방법	설명	적용 예시
공동 학습 (Shared Learning)	부모·교사가 아이와 함께 배우는 경험	'함께 독서 루프', 가족 워크숍, 교사-학생 공동 프로젝트
세대 대화 (Generational Dialogue)	서로의 경험을 나누고 배우는 대화 루틴	"내가 10대였을 때는…"으로 시작하는 세대공감 대화
의미 기록 (Meaning Archive)	각 세대의 배움과 통찰을 기록으로 남김	가족 성장 저널, 학급 성장 아카이브

이 구조는 학습을 한 세대에 가두지 않고, 계속 되돌려 보며 발전시키는 지식의 생태계를 만듭니다.[18] 사회는 개인의 루프가 모여 만들어지는 '확장된 생태계'입니다. 따뜻한 가정, 협력적인 교실, 열린 지역사회의 연결이 결국 사회 전체의 회복력을 만듭니다. 사회심리학자 브로펜브레너Urie Bronfenbrenner는 인간 발달을 "생태적 체계"로 설명했습니다.[19] 그는 개인의 성장이 미시적 관계(가정·학교)와 거시적 환경(지역·정책·문화)의 상호작용 속에서 완성된다고 보았습니다. 즉, 삶의 루프는 개인의 문제만이 아니라 사회가 설계하는 구조이기도 합니다.

③ 나·우리·미래를 잇는 루프

　성장의 루프는 결국 '나를 위한 성장'에서 '함께를 위한 성장'으로 확장될 때 더 큰 의미를 갖습니다. 하루에 한 번 친구의 마음을 돌보는 일, 배운 것을 나누거나 후배에게 전하는 일, 가족과 학급이 함께 작은 프로젝트를 해보는 일이 모두 기여의 루프가 됩니다.

　중요한 것은 규모가 아니라 순환입니다. 나의 배움이 타인의 성장으로 이어지고, 그 경험이 다시 나를 자라게 할 때 우리는 '지속 가능한 성장'이라는 말을 비로소 실감하게 됩니다. 교육학자 파울로 프레이리Paulo Freire는 "진정한 교육은 세상을 해석하는 힘과 동시에 세상을 바꾸려는 실천을 길러야 한다"고 말했습니다.[20] 즉, 지속 가능한 교육은 실천을 포함한 순환 교육입니다.

　미래를 위한 세 가지 루프는 생애 루프, 공동체 루프, 미래 루프입니다. 이 세 가지 루프는 개인 → 공동체 → 문명으로 확장되는 '지속 성장 피라미드'를 형성합니다.

〈표〉 미래를 위한 세 가지 루프

루프	내용	부모·교사 적용 예시
생애 루프 (Life Loop)	개인이 계속 배우고 성장하는 구조	평생학습·경험 공유·루틴 성찰
공동체 루프 (Community Loop)	가정·학교·지역이 함께 배우는 구조	협력 수업·세대 간 프로젝트
미래 루프 (Future Loop)	지속 가능한 사회로 확장되는 구조	환경·기술·윤리 주제의 탐구 활동

　10대의 라이프엔지니어링은 '나를 설계하는 기술'에서 시작해 '함께 성장하는 시스템'을 거쳐, 이제 '세상을 성장시키는 루프'로 확장됩니다. 지

속 가능한 삶은 완벽함이 아니라, 끊임없이 배우고 순환하는 유연한 구조를 가진 삶입니다. 그 안에서 아이와 어른은 함께 배우며 서로의 루프를 성장시킵니다.

"성장은 나를 키우고, 관계는 우리를 잇고, 기여는 미래를 만듭니다."

이것이 바로 라이프엔지니어링이 그리는 지속 가능한 성장의 완성 루프입니다.

각자도생은 고립이 아닙니다.
자율적 연결입니다.

개인의 루프는
가족·학교·공동체와 연결될 때 더 강해집니다.
성장은 혼자 완성되지 않습니다.
피드백은 관계 속에서 깊어집니다.

경쟁 중심 사회에서
순환 중심 사회로의 전환.

함께 설계하는 공동체만이
지속 가능한 미래를 만듭니다.

라이프엔지니어링은
개인 기술을 넘어 공동 시스템 구축으로 확장됩니다.

제 13 장

지속 가능한 진로 설계
: 루프 기반 성장 학습

⟫⟫ 진로교육의 진화와 4세대 패러다임

전통적인 진로교육은 개인의 적성을 확인하고, 그에 맞는 직업과 진학 정보를 안내하는 방식으로 발전해 왔습니다. 직업 구조가 비교적 안정적이었던 시대에는 이러한 접근이 매우 효과적인 길잡이가 되었습니다. 자신의 성향과 직업 특성을 연결해 주는 것만으로도, 개인은 비교적 예측 가능한 경로를 따라 삶을 설계할 수 있었기 때문입니다. 그러나 오늘날의 현실은 다릅니다. 하나의 직업 안에서도 역할은 끊임없이 변화하고, 생애 주기 동안 여러 차례의 전환과 이동이 일어나는 것이 일상이 되었습니다. 이제는 "무슨 일을 할 것인가?"라는 질문만으로는 충분하지 않습니다. 그보다 더 근본적인 질문, 곧 "변화하는 환경 속에서 나는 나를 어떻게 지속적으로 재설계할 것인가?"에 답할 수 있어야 합니다.

라이프엔지니어링의 관점에서 진로는 특정 시점에 내려지는 단 한 번의 결정이 아닙니다. 진로는 지금-여기에서 시작해 생애 전체로 이어지는 연속적인 설계의 과정입니다. 따라서 진로교육 역시 '선택의 기술'을 가르치는 데 머물러서는 안 됩니다. 변화에 유연하게 대응하며 스스로를 조정해 갈 수 있는 '생애 설계 역량'을 기르는 데 초점을 두어야 합니다. 아이들이 배워야 할 핵심은 바뀐 상황 속에서 자신을 다시 바라보고, 설계하고, 시도해 보는 '성장 루프의 운용 능력'입니다.

진로교육은 시대의 요구에 응답하며 그 지평을 넓혀 왔습니다.

1세대 진로교육은 파슨스Parsons로 대표되는 '매칭 중심' 접근이었습니다.[21] 안정된 직업 구조 속에서 개인의 적성과 직업의 특성을 과학적으로 연결하는 데 초점을 두었습니다. 이는 개인이 일터에 잘 적응하도록 돕는 중요한 토대를 마련했습니다. 2세대 진로교육은 진로를 고정된 점이 아니라 선(線)으로 바라보는 '발달 중심' 관점으로 확장되었습니다. 수퍼Super 등의 학자들은 진로가 전 생애에 걸쳐 형성되는 과정임을 강조하며, 각 발달 단계에 따른 과업과 준비도를 중시했습니다.[22] 덕분에 우리는 진로를 단기적 선택이 아닌, 장기적 성장의 흐름으로 바라보는 안목을 갖게 되었습니다. 3세대 진로교육은 사비커스Savickas의 진로구성주의처럼 '의미와 설계 중심'의 패러다임을 제시했습니다.[23] 불확실성이 커진 시대에 단순히 경로를 찾는 것을 넘어, 자신의 경험을 하나의 이야기로 엮고 삶의 의미를 스스로 구성하도록 돕는 라이프 디자인 접근이 등장한 것입니다. 개인은 더 이상 직업을 '선택'하는 존재가 아니라, 자신의 삶을 '구성하는 저자Author'로 이해되기 시작했습니다.

라이프엔지니어링은 이러한 기존 세대들의 지혜를 온전히 품으면서, 그 위에 '시스템적 실행'이라는 새로운 레이어Layer를 더하고자 합니다. 3세대가 삶의 '저자'로서 나만의 이야기를 쓰고 의미를 발견하는 데 집중했다면, 4세대는 그 의미를 시스템의 방향타Why로 삼아 실제 삶 속에서 어떻게 지속 가능하게 작동시킬 것인가를 추가로 다루는 것입니다. 즉, 1~4세대 이론은 서로 대치되는 것이 아니라, 앞선 세대가 쌓아온 토대 위에 실천적 운용이라는 층위가 겹겹이 더해지는 확장 과정입니다.

라이프엔지니어링은 진로를 직업 선택으로만 남겨두지 않습니다. 대신 삶을 반복해서 점검하고, 실험하고, 조정해 가는 '성장 시스템'으로 구체화합니다. 3세대 진로교육이 내러티브를 통하 의미를 제시한다면, 4세대 진로교육에서 의미는 방향이 되고, 루프는 그 의미를 계속 순환·작동시키는 동력이 됩니다.

따라서 4세대 진로교육에서 핵심 질문은 달라집니다. "무엇이 될 것인가?"를 묻는 데서 멈추지 않고, "이 방향은 지금의 나에게 얼마나 의미를 가지고 있는가?", "나의 루프는 어떻게 작동하고 있는가?", "이 과정을 어떻게 점검하고 조정할 것인가?"를 함께 묻습니다. 진로는 이제 한 번 정하고 지키는 과제가 아닙니다. 앞선 진로교육 이론들의 통찰을 바탕으로, 일생 동안 계속 루프를 돌리고 업그레이드해 가는 '성장의 과정'입니다. 결국 4세대 진로교육은 진로를 선택과 경쟁의 문제가 아니라, 설계·실행·조정의 문제로 전환합니다.

▶▶▶ 진로는 '정하는 것'이 아니라 '의미를 찾아 업그레이드하는 과정'

앞에서 우리는 생애 루프를 다섯 단계로 정리했습니다. 이 구조를 진로·생애설계에 적용하면, 진로는 '한 번 정하는 것'이 아니라 '반복해서 돌려

보는 과정'으로 성격이 바뀝니다. 이 진로 루프를 간단히 정리하면 다음과 같습니다.

<표> 진로 루프의 단계별 주요 내용

루프 단계	진로 설계 내용	예시 활동
㉠ 방향·진단	"나는 왜, 어떻게 살 것인가?" – 의미·가치·에너지 패턴 진단, 　루프의 작동 상태 점검	생활 리듬 체크, 에너지 프로파일 검사
㉡ 설계·루틴	"어떤 경험을 통해 나를 실험할까?" – 목표를 세우고, 작고 구체적인 실험 설계	1주일간 '관심 분야 실험' 계획 세우기
㉢ 실행·적용	"작은 실험을 시작하자." – 탐색 활동, 멘토 인터뷰, 일경험	멘토 인터뷰, 학교 프로젝트, 봉사 경험
㉣ 피드백·점검	"무엇이 나를 움직이게 했는가?" – 경험 후 감정·배움·의미기록, 　루프 로그 기록·성찰	'나의 루프 일지' 작성
㉤ 재설계·조정	"이 경험을 다음 루프로 어떻게 바꿀까?" – 의미 재정립, 방향 수정, 　새로운 방향으로 루프 갱신	목표 수정, 루틴 재구성

이 진로 루프의 순환 구조를 반복하는 동안 아이들은 자신만의 방향성을 점차 구체화하고, 실패와 성공의 데이터를 통해 '내 삶을 설계·실행·조정하는 기술'을 익히게 됩니다. 이것이 기존 진로교육과의 가장 큰 차이입니다.

진로 루프는 결과를 예측하지 않습니다. 대신 경험을 설계하고 실행하여 피드백을 통해 성장하는 과정 자체를 학습합니다. 진로 역시 고정된 목표가 아니라, 업그레이드하는 시스템입니다.

진로 루프의 핵심 원리는 다음 세 가지로 정리할 수 있습니다.

- **의미 중심**: "나는 누구이며, 무엇에 흥미를 느끼는가?"에 더하여 "왜, 어떻게 살 것인가?"를 성찰합니다.
- **실험 중심**: 진로는 탐색이 아니라 실행입니다. 작은 시도와 피드백의 과정 자체가 배움입니다.
- **순환 중심**: 실패에 좌절하지 않고, 조정하여 다시 실행하는 시스템을 유지합니다.

>>> 직업 선택이 아니라 방향을 설계하기

좋은 진로교육은 아이에게 "나는 어떤 일을 하고 싶은가?"보다 "나는 어떤 삶을 살고 싶은가?"를 묻습니다. 그 출발점이 바로 의미 루프입니다. 의미 루프는 한 문장으로 정리하면, "경험을 통해 나에게 중요한 가치를 발견해 가는 순환"입니다. 같은 활동을 해도 어떤 아이는 '도전'을 기억하고, 어떤 아이는 '협력'을 기억하며, 또 어떤 아이는 '인정받는 경험'을 가장 강하게 기억합니다. 이는 단순한 취향 차이가 아니라, 각자의 내면 가치가 다르다는 신호입니다.

부모와 교사는 복잡한 상담 이론 없이도, 다음과 같은 네 가지 질문만으로 아이의 의미 루프를 돕는 안내자가 될 수 있습니다.

단계	교사·부모의 질문	목표
1단계: 경험 기록	"이번 활동에서 가장 기억에 남은 순간은?"	감정적 경험 인식
2단계: 감정 해석	"그때 왜 그런 기분이 들었을까?"	감정–가치 연결
3단계: 통찰 도출	"이 경험을 통해 배운 건 뭐야?"	자기 이해 심화
4단계: 가치 선언	"앞으로 어떤 방식으로 이 가치를 실천하고 싶어?"	의미의 행동화

이 네가지 질문을 반복하다 보면, 아이에게 '나에게 남은 의미'가 보이기 시작합니다. 그리고 점차 "나는 관계 속에서 힘을 얻는 사람이다.", "나는 혼자 깊이 파고드는 일이 맞는다." "나는 사람 앞에서 말할 때 살아 있는 느낌이 든다."와 같은 방향 문장이 형성됩니다. 직업은 이 방향 위에 얹히는 여러 선택지 중 하나일 뿐입니다. "어떤 직업이 더 유망한가요?"에서 "어떤 방향의 삶이 나에게 더 진짜 같은가요?"로 질문을 옮기는 것, 이것이 의미 중심 진로설계의 핵심입니다.

>>> 학교에서 루프형 진로·생애설계 수업

AI 시대에는 진로 정보 자체보다, 그 정보를 나에게 맞게 해석하고 작은 실험으로 옮기는 능력이 더 중요해집니다. 학교에서 루프 기반 진로·생애설계를 도입할 때, 꼭 거창한 프로그램일 필요는 없습니다. 이미 존재하는 진로 활동을 루프 구조로 다시 엮는 것만으로도 충분히 시작할 수 있습니다.

예를 들어 한 학기 진로·생애설계 단원을 다음과 같이 설계할 수 있습니다.

1주차	방향·진단	흥미·가치·강점 탐색, 진로 검사 결과를 '정답'이 아닌 '대화 소재'로 활용
2~3주차	설계	각자 관심 분야 한 가지를 정하고, 작은 실험 계획 수립(인터뷰, 프로젝트, 탐구 과제등)
4~5주차	실행	실제 활동 수행 및 활동중 느낀 감정과 에너지를 기록
6주차	피드백	활동후 '가장 살아 있었던 순간, 힘들었던 순간, 알게 된 나의 특징' 정리
7주차	재설계	방향을 조정하거나, 다음 실험 계획을 새로 짜는 순간

이 구조를 한 번만 돌려도, 아이들은 '진로를 배운다'가 아니라 '진로를 직접 돌려본다'는 경험을 하게 됩니다. 중요한 것은 활동의 화려함이 아니라, 루프가 한 바퀴 온전히 돌아가게 하는 것, 그리고 그 과정에서 아이가 자기 언어로 의미를 기록하게 하는 것입니다.

>>> 가정에서 이어지는 진로 루프

학교에서 루프형 진로 수업이 시작되면, 가정은 그 루프가 이어지는 생활 무대가 됩니다. 부모가 진로 전문가일 필요는 없습니다. 질문의 방향만 조금 바꿔도, 가정은 훌륭한 진로 루프 공간이 됩니다.

- "오늘 진로 수업에서 뭐 배웠어?" 대신
    → "오늘 활동 중에서 네가 가장 재미있었던 순간은 언제였어?"

- "그래서 그 직업이 좋을 것 같아?" 대신
    → "그 활동을 하면서 '아, 나는 이런 사람이구나'
      라고 느낀 지점이 있었어?"

- "그럼 그쪽으로 가야겠다." 대신
    → "다음에는 무엇을 조금 다르게 해보고 싶어?"

이 세 가지 질문만으로도 진로 대화의 톤은 '판단과 결정'에서 '관찰과 루프 설계'로 바뀝니다. 부모는 진로 상담자가 아니라, 아이가 경험을 스스로 정리하고 다음 루프를 설계하도록 돕는 동반자가 됩니다.

루프 기반 진로·생애설계 교육은 진로발달 이론의 흐름 속에서 새로운 단계의 출발점에 해당합니다. 이 접근은 세 가지 점에서 기존 진로교육과 분명히 다릅니다.

첫째, 진로를 '한 번 정하는 선택'이 아니라 '반복해 돌려보는 설계 과정'으로 봅니다.

둘째, 직업 정보보다 "나는 어떤 상황에서 살아나는가?"라는 자기 이해를 중심에 둡니다.

셋째, 실패와 혼란을 '틀린 선택'이 아니라 '다음 루프를 위한 데이터'로 해석합니다.

진로는 인생의 한 루프에 불과하지만, 이 루프를 어떻게 돌려보는가는 그 이후의 삶 전체를 대하는 태도를 결정합니다. 결국 라이프엔지니어링이 말하려는 것은 특정한 진로 정보나 방법이 아닙니다. 변화 속에서도 스스로를 관찰하고, 작은 실험을 설계하며, 배운 것을 다시 조정해 가는 유연한 삶의 구조입니다. 개인의 루프가 가정의 리듬과 연결되고, 학교의 학습 구조와 맞물리며, 더 넓은 사회적 루프로 이어질 때 성장은 한 사람을 넘어 관계와 공동체를 움직이는 힘이 됩니다.

이 책이 바라는 것은 완벽한 계획을 가진 사람이 아니라, 배우고 조정하며 다시 설계하는 삶의 루프를 스스로 돌릴 수 있는 사람입니다. 성장은 목적지가 아니라 살아 있는 구조이며, 루프는 그 구조를 이어 주는 연결 방식입니다.

10대, 부모, 교사를 포함한 우리 모두의 삶은 이러한 반복과 조정의 루프 속에서 더 단단해집니다.

"성장은 정해진 길을 찾는 일이 아니라, 나만의 루프를 만들어 가는 일입니다. 그리고 그 루프를 함께 돌릴 때, 삶은 더 멀리, 더 깊게 이어집니다."

진로는 직업 선택이 아닙니다.
생애 전체의 설계입니다.

- 1세대 진로는 직업 탐색,
- 2세대는 적성 중심,
- 3세대는 의미 중심,
- 4세대는 시스템 실행 중심

4세대 진로 설계의 핵심은 의미를 방향타로 삼아
지속 가능한 구조를 만드는 것입니다.

이제 진로는 탐색이 아니라 설계·실행·조정입니다.

나는 무엇을 할 것인가?
보다 중요한 질문은
나는 어떻게 계속 성장할 것인가? 입니다.

라이프엔지니어링은
'진로결정의 불안'에서 벗어나
'성장 시스템을 운영하는 자유'를
누리게 합니다.

이 책은 사단법인 청소년과 미래활동이 창립되고, 본격적인 연구와 사업을 시작하는 과정에서 세상에 나오게 되었습니다.

법인을 설립한 이유는 분명합니다. AI, 100세 인생, 저성장과 저출산·고령화라는 거대한 변화 속에서, 직업 중심의 진로 개발을 포함한 기존 청소년 성장 지원 시스템은 한계에 부딪혔습니다. 이제는 과거의 방식만으로 10대의 미래를 준비시킬 수 없습니다. 그래서 청소년 현장 전문가, 교육자, 학자, 미래학자, 기관 운영자, 기업가들이 힘을 모아 새로운 길을 열어가고자 했습니다. 청소년들이 변화에 휩쓸리는 존재가 아니라, 미래를 스스로 설계하고 살아갈 수 있도록 지원하는 것. 그것이 법인의 설립 취지이자 사명입니다.

**그 새로운 길의 이름이 바로
'라이프엔지니어링**(Life Engineering)**'입니다.**

삶을 하나의 여정으로 보고, 그것을 설계하고 경영하는 새로운 학문적 접근이 필요하다는 스위스 상트갈렌대학교(University of St. Gallen) 후베르트 오스트렐레(Hubert Österle) 명예교수의 제안, 그리고 좋은 삶을 어떻게 만들어갈 수 있는지 철학적·공학적으로 탐구한 엔지니어 케니 앤더슨(Kenny Anderson)의 주장은 우리에게 큰 울림을 주었습니다. 우리는 이 개념을 단순한 이론으로 남기지 않고, 한국의 10대 청소년들의 삶과 진로, 그리고 그 곁을 함께 걷는 부모님과 선생님에게도 이해되고 적용되어야 한다는 확신을 갖게 되었습니다.

물론 처음부터 쉽지는 않았습니다. 라이프엔지니어링은 낯설고, 이론적 깊이가 있다 보니 선생님, 부모님, 그리고 10대 청소년이 곧바로 이해하기에는 어려움이 있을 것으로 보였습니다. 삶에 철학적·공학적 아이디어를 적용한다는 것 자체가 낯설게 느껴질 수 있다는 점도 충분히 예견되었습니다. 그래서 집필 과정에서 가장 큰 과제는 하나였습니다. 어떻게 하면 쉽고 부드럽게 전달하면서도, 깊이와 무게를 잃지 않을 수 있을까였습니다.

그 과정에서 GPT5를 비롯한 여러 생성형 AI가 든든한 동반자가 되어 주었습니다. 목차와 초안을 함께 검토하고, 각 장의 메시지를 다듬고, 복잡한 내용을 그림과 표, 다이어그램으로 풀어내는 수많은 반복과 수정의 시간을 거쳤습니다. 때로는 원고를 다시 쓰고, 다시 토론하면서 우리 스스로도 함께 성장했습니다. 그렇게 한 권의 책을 완성한 것만이 아니라, 새로운 이론을 토대로 미래를 준비하고 새롭게 실천하는 교육적 실험을 함께 해낸 셈입니다.

이 책에는 간절한 마음이 담겨 있습니다.
"변화하는 시대에 10대와 부모, 그리고 학교 선생님 모두가 새로운 삶의 설계자가 되어야 한다"는 메시지, 그것이 이 책을 쓰게 된 가장 큰 이유입니다. 우리는 이 책을 통해 10대 청소년이 자신의 인생을 주체적으로 설계할 수 있기를 바랍니다. 또한 부모와 자녀가, 학생과 선생님이 함께 성장의 길을 걸어가기를 바랍니다. 이 책이 단순한 설명서가 아니라, 일상에서 바로 실천할 수 있는 작은 도구와 방법이 되기를 기대합니다.

이 책이 청소년에게는 새로운 성장의 나침반이 되고, 부모님과 선생님에게는 아이와 함께 걷는 따뜻한 지도가 되기를 바랍니다. 그리고 이 작은 시도가 미래 세대를 준비시키는 더 큰 변화로 이어지기를 소망합니다.

사단법인 청소년과 미래활동·캠퍼스멘토 임직원 일동 드림

PART 1

1) Kokotajlo, Daniel et al. (2025). AI-2027: Scenarios for the Emergence of Superintelligence. OpenAI.

2) Kokotajlo, Daniel et al. (2025). 위의 책.

3) McKinsey Global Institute (2024).The State of AI and Work 2030. McKinsey & Company.

4) 비즈한국 (2025.4.3.). [AI 생존법 찾아라] 기업 'AI 직원' 채용은 이미 시작됐다. 비즈한국; ALLO Team (2025.8.18.). 우리 다음 팀원은 사람이 아닙니다: AI로 다시 정의되는 협업. 인사이트.

5) 김대식 (2025), AGI, 천사인가 악마인가, 동아시아.

6) 윤성임 (2025.9.22.). [윤성임 AI리터러시] AI와 공존하는 시대, 인간만의 3가지 역량. FN Today; ProfG Markets (2025.7.7.). 3 Human Skills That Make You Irreplaceable in an AI World. Prof G Media.

7) McGowan, Heather E. & Shipley, Chris (2020). The Adaptation Advantage: Let Go, Learn Fast, and Thrive in the Future of Work . Wiley.

8) 정기호·최형인 (2025년 7월). AI 역량 격차 해소를 위한 OECD 보고서 및 해외 사례 분석. AI & Digital Inclusion Brief. 제2호. 한국지능정보원.

9) 송길영 (2025). 시대예보: 경량문명의 탄생. 북하우스.

10) 송길영 (2025). 위의 책.

11) McKinsey Global Institute (2024). 앞의 책.

12) OECD (2019). Learning Compass 2030: A Series of Concept Notes. OECD Future of Education and Skills Project . Paris: OECD Publishing.

13) OECD (2019). 위의 책.

14) UNESCO (2021). Reimagining our futures together: A new social contract for education. Paris: UNESCO Publishing.

15) 통계청(2024). 2024년 생명표. 대한민국 통계청.

16) OECD. (2023). Health at a glance 2023: OECD indicators . Paris: OECD Publishing.

17) Gratton, L., & Scott, A. (2016). The 100-year life: Living and working in an age of longevity . Bloomsbury Publishing.

18) Gratton, L., & Scott, A. (2020). The new long life: A framework for flourishing in a changing world. Bloomsbury Publishing.

19) Laslett, P. (1989). A fresh map of life: The emergence of the third age. Harvard University Press.

20) Gratton, L., & Scott, A. (2016). 앞의 책.

21) Gratton, L., & Scott, A. (2020). 앞의 책.

22) Gratton, L., & Scott, A. (2016). 앞의 책.

23) Gratton, L., & Scott, A. (2020). The new long life: A framework for flourishing in a changing world.Bloomsbury Publishing.

24) 송길영 (2025). 위의 책.

PART 2

1) Österle, H. (2020). Life engineering: Machine intelligence and quality of life. Springer.

2) Anderson, K. (2017). Life engineering: An introduction to the technology of a good life. Life Engineering

3) Aristotle. (1999). Nicomachean ethics (T. Irwin, Trans.). Hackett Publishing. (Original work ca. 350 BCE).

4) Deci, E. L., & Ryan, R. M. (2000). Self-determination theory. Guilford Press.; Dweck, C. S. (2006). Mindset: The new psychology of success . Random House.; Seligman, M. E. P. (2011). Flourish: A visionary new understanding of happiness and well-being. Free Press.

5) Berns, G. S. (2022). The self delusion: The new neuroscience of how we invent and reinvent our identities. Basic Books.

6) Deming, W. E. (1986). Out of the crisis . MIT Press.

7) Savickas et al. (2009), Life Designing: A Paradigm for Career Construction in the 21st Century Journal of Vocational Behavior, 75, 239–250. ; Savickas, M. L. (2012). Life Design: A Paradigm for Career Intervention in the 21st Century, Journal of Counseling & Development, 90(1), 13–19.

8) Anderson, K. (2017). 앞의 책; Lindquist, R. (2020). The 16 elements of human achievement. LifeEngineering.com.

9) Österle, H. (2020). 앞의 책.; Anderson, K. (2017). 앞의 책.

10) Österle, H. (2020). 위의 책; Lindquist, R. (2020). 위의 책.

11) Österle, H. (2020). 위의 책.

12) Frankl, V. E. (2006). Man's search for meaning (Rev. ed.). Beacon Press. (Original work published 1946);
Deci, E. L., & Ryan, R. M. (2017). Self-determination theory: Basic psychological needs in motivation, development, and wellness. Guilford Press.; Seligman, M. E. P. (2011). Flourish: A visionary new understanding of happiness and well-being. Free Press.

13) Deci, E. L., & Ryan, R. M. (2017). 위의 책; Seligman, M. E. P. (2011). 위의 책.

14) Deming, W. E. (1986). Out of the crisis . MIT Press.

15) McAdams, D. P. (1993). The stories we live by: Personal myths and the making of the self . Guilford Press.

16) Berns, G. S. (2022). 앞의 책.

17) Loehr, J., & Schwartz, T. (2003). The power of full engagement: Managing energy, not time, is the key to high performance and personal renewal. Free Press.

18) Loehr, J., & Schwartz, T. (2003). 위의 책.

19) Berns, G. S. (2022). 앞의 책.

20) Österle, H. (2020). 앞의 책.

21) Dweck, C. S. (2006). 앞의 책.

22) Doidge, N. (2007). The brain that changes itself: Stories of personal triumph from the frontiers of brain science. Viking.

23) Österle, H. (2020). 앞의 책; Dweck, C. S. (2006). 앞의 책.

24) Frankl, V. E. (2006). Man's search for meaning (Rev. ed.). Beacon Press. (Original work published 1946).

25) Flavell, J. H. (1979). Metacognition and cognitive monitoring: A new area of cognitive-developmental inquiry. American Psychologist, 34(10), 906–911. https://doi.org/10.1037/0003-066X.34.10.906

26) Diamond, A. (2013). 앞의 글.

27) Ericsson, K. A., Krampe, R. T., & Tesch-Römer, C. (1993). The role of deliberate practice in the acquisition of expert performance. Psychological Review, 100(3), 363–406. https://doi.org/10.1037/0033-295X.100.3.363.

28) Wood, W., & Neal, D. T. (2007). A new look at habits and the habit-goal interface. Psychological Review, 114(4), 843–863. https://doi.org/10.1037/0033-295X.114.4.843.

29) Norman, D. A. (1993). Things that make us smart: Defending human attributes in the age of the machine. Addison-Wesley.

30) Amabile, T., & Kramer, S. (2011). The progress principle: Using small wins to ignite joy, engagement, and creativity at work. Harvard Business Review Press.

31) Argyris, C. (1977). Double loop learning in organizations. Harvard Business Review, 55(5), 115–125.

32) Botvinick, M. M., Braver, T. S., Barch, D. M., Carter, C. S., & Cohen, J. D. (2001). Conflict monitoring and cognitive control. Psychological Review, 108(3), 624–652. https://doi.org/10.1037/0033-295X.108.3.624.

33) Doidge, N. (2007). The brain that changes itself: Stories of personal triumph from the frontiers of brain science. Viking.

34) Doidge, N. (2007). The brain that changes itself. Penguin Books.

35) Duhigg, C. (2012). The power of habit: Why we do what we do in life and business. Random House.

36) Lindquist, R. (2021). Life engineering: The 16 elements of human achievement . LifeEngineering.com. https://www.lifeengineering.com.

37) Clear, J. (2018). Atomic habits: An easy & proven way to build good habits & break bad ones. Avery.

38) Frankl, V. E. (1946). Man's search for meaning. Beacon Press.

39) Schwartz, T., & Loehr, J. (2003). The power of full engagement: Managing energy, not time, is the key to high performance and personal renewal. Free Press.

40) Dweck, C. S. (2006). 앞의 책.

41) Berns, G. S. (2022). 앞의 책.

42) Lindquist, R. (2021). 앞의 책

PART 3

1) 통계청·교육부. (2025, 3월 12일). 2024년 초·중·고 사교육비 조사 결과. https://kostat.go.kr/.

2) 국가데이터처. (2025, 10월 1일). 아동·청소년 삶의 질 2025 보고서. https://v.daum.net/v/20251001091012810.

3) 한국생명존중희망재단, 2023, (2023) 자살예방백서, 한국생명존중희망재단.

4) Berns, G. (2022). The self delusion: The surprising science of how we are connected and why it matters. Basic Books.

5) World Economic Forum. (2023). Future of jobs report 2023. Geneva: World Economic Forum. https://www.weforum.org/reports/future-of-jobs-report-2023/.

6) McGowan, Heather E. & Shipley, Chris (2020). The Adaptation Advantage: Let Go, Learn Fast, and Thrive in the Future of Work . Wiley.

7) Bruner, Jerome. (1990). Acts of Meaning. Harvard University Press.

8) McAdams, D. P. (1993). The stories we live by: Personal myths and the making of the self . Guilford Press.

9) Dweck, C. S. (2006). Mindset: The new psychology of success . Random House.

10) Lieberman, D. Z., & Long, M. E. (2018). The molecule of more. BenBella Books.

11) Helliwell, J. F., Layard, R., Sachs, J., & De Neve, J.-E. (Eds.). (2025). Connecting with others: How social connections improve the happiness of young adults. In World Happiness Report 2025 (Chap. 5). Sustainable Development Solutions Network.

12) Deci, E. L., & Ryan, R. M. (2017). Self-determination theory: Basic psychological needs in motivation, development, and wellness . Guilford Press.

13) Lieberman, D. Z., & Long, M. E. (2018). The molecule of more. BenBella Books.

14) Grant, A. (2013). Give and take: Why helping others drives our success . Penguin Books.

15) Seligman, M. E. P. (2002). Authentic happiness . Free Press.

16) Zimbardo, P., & Boyd, J. (2008). The time paradox: The new psychology of time that will change your life. Free Press.

17) Fredrickson, B. L. (2009). Positivity. Crown Publishers.

18) Fogg, B. J. (2019). 위의 책.

19) Clear, J. (2018). 앞의 책.

20) Duhigg, C. (2012). 앞의 책.

21) Roster, C. A., Ferrari, J. R., & Jurkat, M. P. (2016). The dark side of home: Assessing possession "clutter" on subjective well-being. Journal of Environmental Psychology, Vol. 46, 32–41. https://doi.org/10.1016/j.jenvp.2016.03.003.

22) 松下幸之助 (마쓰시타 고노스케). (1975). 실패를 두려워하지 말라. PHP연구소.

23) Huberman, A. (2022). The Huberman Lab Podcast: "How to Increase Motivation and Drive. [Podcast].

24) Leaf, C. (2013). Switch on your brain. Baker Books.

25) Swindler, J. (2016). Simplification and system efficiency . Cognitive Systems Press.

26) Kegan, Robert. The Evolving Self: Problem and Process in Human Development. Harvard University Press, 1982.

27) Kleitman, Nathaniel. Sleep and Wakefulness . University of Chicago Press, 1963.

28) Frankl, V. E. (1946). 앞의 책.

29) Seligman, M. E. P. (2011). 앞의 책.

30) Reblin, M., & Uchino, B. N. (2008). Social and emotional support and its implication for health. Current Opinion in Psychiatry, 21(2), 201–205.

31) Doidge, N. (2007). The Brain That Changes Itself. Penguin Books.

PART 4

1) Porges, Stephen W. The Polyvagal Theory: Neurophysiological Foundations of Emotions, Attachment, Communication, and Self-Regulation. Norton, 2011.

2) Bandura, Albert. Social Foundations of Thought and Action: A Social Cognitive Theory. Prentice-Hall, 1986.

3) Hatfield, Elaine, et al. Emotional Contagion. Cambridge University Press, 1994.

4) Edmondson, Amy C. The Fearless Organization: Creating Psychological Safety in the Workplace for Learning, Innovation, and Growth. Wiley, 2018.

5) Siegel, Daniel J. The Mindful Brain: Reflection and Attunement in the Cultivation of Well-Being. Norton, 2007.

6) Rizzolatti, Giacomo & Sinigaglia, Corrado. Mirrors in the Brain: How Our Minds Share Actions and Emotions. Oxford University Press, 2008.

7) Damasio, A. (1999). The Feeling of What Happens: Body and Emotion in the Making of Consciousness. Harcourt.

8) Brown, B. (2021). Atlas of the Heart: Mapping Meaningful Connection and the Language of Human Experience. Random House.

9) Rogers, C. R. (1961). On Becoming a Person. Houghton Mifflin.

10) Porges, S. W. (2011). The Polyvagal Theory. Norton.

11) Hattie, J. & Timperley, H. (2007). The Power of Feedback. Review of Educational Research, 77(1), 81–112.

12) Senge, P. M. (1990). The Fifth Discipline: The Art & Practice of the Learning Organization. Doubleday.

13) Panksepp, J. (1998). Affective Neuroscience: The Foundations of Human and Animal Emotions. Oxford University Press.

14) Cozolino, L. (2014). The Neuroscience of Human Relationships: Attachment and the Developing Social Brain (2nd ed.). W. W. Norton & Company.

15) Deci, E. L., & Ryan, R. M. (2000). "The 'what' and 'why' of goal pursuits: Human needs and the self-determination of behavior." Psychological Inquiry, 11(4), 227–268.

16) Panksepp, J. (1998). 앞의 책

17) Senge, P. M. (1990). 앞의 책.

18) Senge, P. M. (1990). The Fifth Discipline: The Art & Practice of the Learning Organization. Doubleday.

19) Bronfenbrenner, U. (1979). The Ecology of Human Development. Harvard University Press.

20) Freire, P. (1970). Pedagogy of the Oppressed. Continuum.

21) Parsons, F. (1909). Choosing a Vocation. Houghton Mifflin.

22) Super, D. E. (1957). The Psychology of Careers . Harper & Row.

23) Savickas, M. L. et al. (2009). Life Designing: A paradigm for career construction in the 21st century. Journal of Vocational Behavior, 75(3), 239–250.

삶을 설계하는 기술

라이프엔지니어링으로 업그레이드하라.

초판 1쇄	2026년 3월 3일
저　　자	사)청소년과미래활동·캠퍼스멘토
기획편집	이광호·안광배·전명기·김현경
펴 낸 곳	(주)캠토
디 자 인	나이스에듀
주　　소	서울시 서초구 강남대로 557(성한빌딩) 9F
전　　화	02-333-5966
출판등록	제2012-000207
이 메 일	mentor@camtor.co.kr
홈페이지	www.campusmentor.org

ISBN 979-11-92382-67-8